Thomas Drexel

Glas-Häuser

Thomas Drexel

Glas-Häuser

Vom Wintergarten bis zum
lichtdurchfluteten Einfamilienhaus

Deutsche Verlags-Anstalt München

Inhalt

Lichtdurchflutet und transparent: Neue Wohn-Erlebnisse mit Glas

Seite 2: Glashäuser holen nicht nur die Sonne ins Haus, sondern lassen – so gekonnt ausgeführt wie hier – auch wundervoll klare und eindeutige Fassaden entstehen (Planung: Thomas Hirt).

Glas ist wohl als der Baustoff der Moderne und der zeitgemäßen Architektur schlechthin zu bezeichnen; seit dem Beginn des 20. Jahrhunderts spielte das transparente Material – gefördert durch die Konzepte des Neuen Bauens ebenso wie die zur selben Zeit durch den technischen Fortschritt möglich werdenden größeren Glasflächen – eine immer wichtiger werdende Rolle. Nicht nur öffentliche Bauten oder Gewerbekomplexe, sondern auch Wohnhäuser wurden und werden in ihrer äußeren Gestalt, aber auch hinsichtlich der Innenarchitektur in immer stärkerem Maße von Glas geprägt. In jüngster Zeit avancierte dieses Baumaterial zudem vom einstigen Energieverschwender zum wichtigen Baustein energieeffizienter Architektur.

Die in diesem Buch vorgestellten 28 Beispiele aus Deutschland, der Schweiz und Österreich zeigen ausnahmslos Wohnhäuser, die in ihrem äußeren Erscheinungsbild, aber auch in ihrer Innenarchitektur Glas als dominierendes Element der Architektur verstehen und nützen. Großenteils handelt es sich dabei um Einfamilienhäuser – sei es neu erbaut, sei es umgebaut oder erweitert. Einige Mehrparteienhäuser, die sich aufgrund ihrer besonderen Qualität aus dem Gros der glasgeprägten Architektur abheben, runden das Gesamtbild ab. Ganz gleich, ob es sich um großflächig verglaste Fassaden oder um die kreative Zwiesprache von transparenten und massiven Flächen geht, stellen alle Häuser doch immer sehr gelungene und individuelle Lösungen dar, die einen reichen Schatz an Anregungen für das eigene Bauvorhaben in Glas liefern.

Fließende Übergänge, lichtdurchflutete Räume

»Gläserne« Häuser verkörpern für viele Menschen nicht zuletzt deshalb den Traum vom Wohnen, weil zwischen Wohnraum und Außenwelt meist keine deutlichen Trennungslinien verlaufen, sondern die visuellen Barrieren weitgehend aufgelöst sind. Das Grün des Gartens, die umgebende Landschaft und der Himmel scheinen Teil des Hauses zu werden, die Bewohner ihrerseits fühlen sich als Teil der Natur. Besonders vorteilhaft ist es hierbei, wenn sich die Fassaden, etwa mittels Schiebetüren, nach draußen öffnen lassen.

In großzügig verglasten Häusern entstehen wundervolle Wohnräume, die nicht schon bei leicht bewölktem Himmel mit elektrischer Beleuchtung aufgehellt werden müssen, sondern vielmehr den ganzen Tag über von der Wirkung des natürlichen Lichts leben. Der geschickte Einsatz der Glasflächen sorgt zudem, wie die in diesem Buch vorgestellten Beispiele zeigen, für faszinierende Licht-und-Schatten-Spiele im Hausinneren. Dachverglasungen und Lichtsheds holen von oben einfallendes, weiches Licht herein und eröffnen gleichzeitig den Blick zum Himmel und zu den Sternen. Insofern erfüllt ein Glas-Haus in gewisser Weise die Funktion einer »Wellness-Insel« für den täglichen Gebrauch.

Die Verwendung von Glas bei der Gestaltung der Innenräume dient zum einen dem Zweck, das durch die hoch transparenten Fassaden einfallende Licht so weit wie möglich auch in die Innenräume dringen zu lassen und für die Stimmung im Inneren nutzbar zu machen, zum anderen der ästhetischen Gestaltung der Wohnumwelt. Teilverglaste oder ganz in Glas hergestellte Innenwände, Türen, Treppengeländer und Brüstungen stellen je nach Funktion und Ausführung völlige oder partielle Transparenz her, lassen Raumzusammenhänge deutlich werden, ohne auf thermische und akustische Trennung zu verzichten oder konstituieren spannungsvolle Blickbeziehungen.

Glas als Energielieferant und -bewahrer

So genannte Solararchitektur bedarf bei vernünftiger Finanzkalkulation in jedem Fall großer Glasflächen – vor allem nach Süden und auch Westen; nur so wird es möglich, die Sonnenstrahlung optimal zu nutzen und damit ohne zusätzlichen technischen Aufwand Wärme zu erzeugen. An die Leistungsfähigkeit und den energetischen Wirkungsgrad des Werkstoffs werden darum heute auch weit höhere Anforderungen gestellt als noch vor einigen Jahrzehnten. Neben der absolut winddichten Ausführung der Gebäudehülle kommt es heute sehr stark darauf an, dass das eingesetzte Glas nicht nur zum momentanen Wärmegewinn beiträgt, sondern die eingestrahlte Wärme auch möglichst lange im Haus hält. Wärmeschutzgläser mit einer zusätzlichen Beschichtung oder einer dritten Scheibe mit zusätzlicher Edelgasschicht übertreffen die herkömmlichen zweischeibigen Isolierglasfenster in ihrer Wirkung deutlich. Für Passivhäuser bestimmte bzw. zertifizierte Fenster unterscheiden sich hinsichtlich

Oben: Traumhäuser aus Glas in Hanglage gewähren einen unvergleichlichen Ausblick. Vor Überhitzung bewahrt oft ein außen liegender Sonnenschutz, hier elektrisch gesteuerte Jalousetten aus Aluminium (Planung: Brückner und Brückner / Thorsten Ruppe).

Oben: Bei künstlicher Beleuchtung entwickeln Glasfassaden ganz besondere visuelle Qualitäten, das Innere des Gebäudes breitet sich gleich einem Spielhaus vor dem Auge des Betrachters aus (Planung: Imhof Architekten).

der Wärmedurchgangswerte kaum noch von denen einer Außenwand. Teils werden auch unbeheizte Glaswintergärten als Klimapuffer vor die eigentliche Außenwand gesetzt oder – etwa bei Renovierungen – die vorhandenen Fenster durch Kastenfenster der neuen Generation ergänzt. Energetisch vernünftig ist es daher auch in der Glasarchitektur, wenig sonnenexponierte Seiten des Hauses, insbesondere nordwärts orientierte Fassaden, großenteils geschlossen auszuführen; damit lässt sich mit vergleichsweise geringem Kostenaufwand – und ohne Schmälerung des Wärmegewinns durch die passive Nutzung der Solarenergie – eine optimale Dämmwirkung erreichen. Soweit die Nordfassade zur Straße orientiert ist, bietet sich dies ohnehin meist schon hinsichtlich der Wahrung der Privatsphäre an.

Keine Angst vor Überhitzung

Mit Zunahme der verglasten Flächen, die ja an den sonnenexponierten Stellen grundsätzlich sehr sinnvoll sind, rückt auch der Aspekt des Sonnenschutzes zur Vermeidung von Überhitzung und auch übermäßigen Blendeffekten (etwa bei der Bildschirmarbeit) in den Vordergrund. Der konventionelle Weg der Verdunkelung mittels Rolladensystemen wird bei anspruchsvoller Architektur nur im Ausnahmefall begangen. Energetisch sinnvoll und ästhetisch vertretbar ist diese Lösung im Einzelfall nur bei designorientierten außen liegenden Systemen, die kaum Wärmebrücken zur Folge haben und die Architektur nicht beeinträchtigen. Dies kann in bestimmten Fällen bei kleineren Fensteröffnungen der Fall sein, wenn etwa gleichzeitig ein bestimmtes psychologisches Schutzbedürfnis der Bewohner zu berücksichtigen ist. In der Regel werden aber – so auch bei den in diesem Buch vorgestellten Beispielen – zwei Typen von Lösungen realisiert: Im ersten Fall sorgen konstruktive Elemente wie Vordächer, die häufig gleichzeitig als Balkone dienen, für die Beschattung der Räume. Solch konstruktiver Sonnenschutz sollte so ausgebildet sein, dass im Sommer die Strahlen der hoch stehenden Sonne in der erwünschten Weise abgehalten werden, im Winter aber die dann tief stehende Sonne optimal zum Wärmegewinn und zur Belichtung der Räume genutzt werden kann. Eine zweite Möglichkeit ist es, die verglasten Fassaden mit Holzschiebeläden, Jalousetten oder textilen Verschattungen zu versehen. Spezielle Gläser sind mit zwischen den Schei-

ben eingepassten, steuerbaren Lamellen versehen. Vor der Glasfassade gepflanzte Laubbäume stellen durch den Wechsel des Laubkleids in gewisser Weise eine natürliche jahreszeitliche Regulierung der einstrahlenden Sonne dar, eine Feinregelung je nach aktueller Witterung ist hier aber natürlich nicht möglich.
Noch wichtiger als ein funktionierendes Verschattungssystem ist eine sinnvolle Regelung der Be- und Entlüftung, wozu Öffnungen zum einen im unteren, zum anderen im oberen Bereich des Raumes oder des Gebäudes vorzusehen sind, die mittels der dadurch erzeugten »Kaminwirkung« eine optimale Abführung überschüssiger Wärme ermöglichen. Zur Regulierung können sowohl manuell als auch elektrisch gesteuerte und automatisierte Systeme mit Temperatur- und Wetterfühler eingesetzt werden.

Glas in zahlreichen Varianten

Insbesondere bei größeren Wohngebäuden werden oft vorgehängte Glasfassaden als äußere Hülle eingesetzt, die die Innenräume primär vor Lärm- und Witterungseinflüssen schützen. Im privaten Bereich wird man in der Regel schon aus Kostengründen anderen Lösungen den Vorzug geben; hier gilt es eher, sich für den hinsichtlich des jeweiligen Einsatzzwecks bestgeeigneten Glastyp zu entscheiden. An viel befahrenen Straßen kommen entsprechend spezielle Lärmschutzgläser, an wenig sonnenbeschienenen Bereichen hoch wirksame Wärmeschutzgläser mit besonders guter Dämmwirkung, an den »Sonnenseiten« dagegen Gläser zum Einsatz, die möglichst viel Wärmestrahlung nach drinnen durchlassen. In spezifischen Einsatzbereichen wie etwa bei Überkopfverglasungen ist die Verwendung von Sicherheitsglas (als Einscheibensicherheitsglas ESG oder Verbundsicherheitsglas VSG) vorgeschrieben, das – meist durch aufkaschierte Folien – vor dem Zersplittern geschützt ist.
Besonders in jüngster Zeit tritt neben den funktionalen und stofflichen Eigenschaften der einzusetzenden Gläser deren visuelle Wirkung und Gestaltung in den Vordergrund. Raffiniert wirken etwa satinierte Gläser, die zwar Licht nach drinnen durchlassen, das Hausinnere oder bestimmte Bereiche davon aber vor unerwünschten Einblicken schützen. Überwiegend dekorativen Chrakter besitzen farbige und auch mit ausgefeilten Mustern und Bildern versehene Gläser, die meist im Siedruckverfahren bearbeitet oder geätzt sind. Eine kostengünstigere Variante zum farbigen Bedrucken oder gar zu komplett duchgefärbten Gläsern stellen aufgeklebte farbige Folien dar. Damit können ohne unvertretbar hohen Aufwand bunte Glasfassaden entstehen.

Zwischen Bäumen

Ein Wohnatelier am Ammersee

Felix Bembé
und Sebastian Dellinger,
Greifenberg

Unten: Die aus Eiche gefertigten und von Stahl gerahmten Eingangstüren auf der Nord- und der Südseite (im Bild) sind im Grunde die einzigen massiven Bereiche der Erdgeschossfassaden.
Rechte Seite: Die besonders sonnenexponierte Südseite des Wohn- und Atelierhauses.

Glasarchitektur wirkt stets dann besonders überzeugend, wenn die Transparenz des Baustoffs in einen unmittelbaren Zusammenhang mit dem Garten und dem natürlichen Umfeld gestellt werden kann. Diese Zwiesprache zwischen Architektur und Natur funktioniert beim neu erbauten Wohn- und Ateliergebäude der Architekten Felix Bembé und Sebastian Dellinger in perfekter Weise; inmitten einer ausgedehnten Wiese stehend, ringsum von einem Saum aus hohen Laub- und Nadelbäumen umgeben, verschmilzt der rechteckig-langgestreckte Baukörper förmlich mit seiner Umgebung. Das jahreszeitlich wandelbare Blätterkleid spiegelt sich in den großflächigen Glasscheiben und lässt oft die Grenzen von Innen- und Außenraum vergessen.

Einraumwohnen und variable Raumgestaltung

Den Gesamteindruck des Gebäudes nach außen bestimmt das vollflächig verglaste Obergeschoss, das als Wohnatelier für die Kunstmalerin Marion Bembé konzipiert wurde. Dieses von den Architekten so genannte, im Grunde als ein Raum konzipierte Pavillongeschoss zeichnet sich nicht nur durch höchste Transparenz, sondern auch durch größte Flexibilität aus: Insgesamt 16 holzverschalte Schiebewände dienen entlang der Außenhülle dem Sonnenschutz sowie dem zeitweisen Schutz vor Einblicken, im Inneren der variablen Ausgestaltung des Grundrisses.
Dies ist nicht nur sehr geschickt hinsichtlich der Schaffung immer neuer Raum- und Wohnsituationen, sondern auch für die Anpassung an die Ateliernutzung. Ebenso flexibel und reversibel stellt sich die Konstruktion der Holzverschalungen dar; neben den Schiebewänden sind auch die Böden und die Decken mit massiven, gefälzten und genagelten Eichenbrettern verschalt, die bei Bedarf einfach und kostensparend einzeln ausgewechselt werden könnten. Gleichzeitig ist somit für gestalterische Eindeutigkeit und Einheitlichkeit – Glas und Eiche als dominierende Baumaterialien – gesorgt. Die mittels zweier Betonstützen ausgesteifte Grundkonstruktion aus Stahl tritt dahinter im Eindruck zurück, ergänzt das Materialkonzept aber perfekt; ganz bewusst soll das Metall rosten und sich damit dem Alterungsprozess des Baustoffs Eiche wie auch der umgebenden Natur anpassen.

Das zweite Gesicht

Während im oberen Geschoss alle massiv, statisch und geschlossen wirkenden Bauteile vermieden werden, zeichnet sich das im wahrsten Sinne bodenständige Untergeschoss bei aller ebenfalls gläsernen Transparenz nach außen durch einen beschützt-höhlenartigen Charakter

Oben: Durchblick durch das Gebäude Richtung Osten. Der große Atelierraum im Erdgeschoss kann durch die in den Decken geführten Schiebewände nach Bedarf unterteilt werden.
Links und rechte Seite unten: Die organisch geformten »Beton-Bubbles« im Untergeschoss dienen etwa als Kleiderschrank (links) oder als Bad (rechte Seite).

im Inneren aus. Fünf raumgroße, ineinander übergehende Körper – massiv in Beton gegossen – konstituieren eine Wohnlandschaft der besonderen Art; diese Schalung ist im Inneren durch Kunststofffolien ausgekleidet, wie sie gemeinhin im Industriebau Verwendung finden. Dadurch erhalten die Oberflächen einen ebenso faltigen wie in der Haptik glatten Charakter. Eine Ausnahme bildet die »Schlafkoje«, die mit rotem Samt ausgekleidet ist. Die übrigen Abteile beherbergen Bad, Dusche, Kleider- und Stereoschrank. Geöffnet und geschlossen werden die »Bubbles« mittels lichtdurchlässiger runder Reißverschlusstüren, durch die sich die in unterschiedlichen Farben beleuchteten Innenräume als Lichtkreise im Flur »widerspiegeln«. Durchgängiger Bodenbelag im gesamten Un-

tergeschoss ist Merino-Wollfilz, der den behütenden Charakter noch unterstreicht.
Das gläserne Wohnatelier tritt nicht nur in bewusst unaufdringliche Zwiesprache mit dem alten Bauernhaus auf dem Grundstück, sondern birgt auch sehr unterschiedliche architektonische Facetten. Design-Zitate aus den 60er/70er Jahren wie die Beton-Bubbles werden gekonnt neu interpretiert und in einen neuen, sehr zeitgemäßen architektonischen Kontext eingebettet.

Oben: Tagheller Essplatz mit Gladiolen: Ausblick vom rundum gläsernen Wohnatelier in den zum Anwesen gehörenden Park.

Die Bubble des Architekten: Felix Bembé in seiner mit rotem Samt ausgeschlagenen Rückzugs-Höhle. Rechts der Durchgang zum Bad und zur Aufgangstreppe, die ins Erdgeschoss führt.

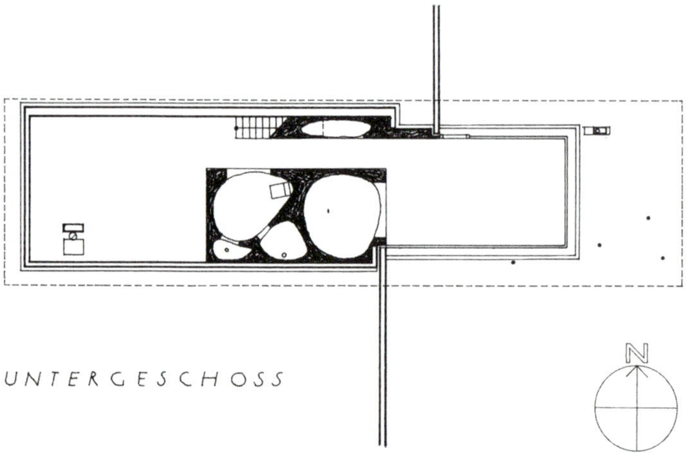

Adresse der Architekten
Felix Bembé und Sebastian Dellinger
Architekten im Schloss
D-86926 Greifenberg
Telefon: 0 81 92-99 99 12
Telefax: 0 81 92-99 65 44
www.bembe-dellinger.de

Baudaten
Standort: Riederau am Ammersee/Oberbayern
Bauzeit: 2002–2003 (14 Monate)
Grundstücksfläche: ca. 2000 m²
Wohnfläche gesamt: 145 m²
Baukosten gesamt: ca. 260 000 Euro

Rechts: Bäume und Natur werden bei diesem Glas-Haus zu einem selbstverständlichen Teil der Architektur.
Unten: Durchblick durchs Atelier Richtung Westen.

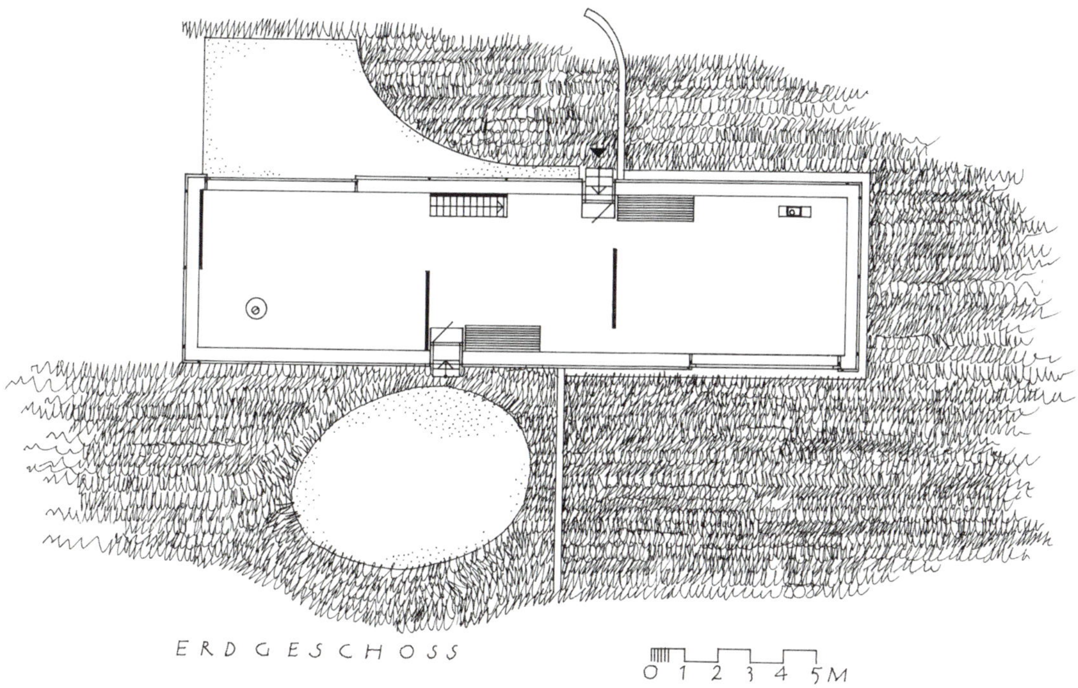

Der Glasturm am Hang

Ein Einfamilienhaus in Stuttgart

Shirin und Uwe Brückner, Stuttgart
Thorsten Ruppe, Stuttgart

Rechte Seite: Die Südfassade des Hauses ist die am meisten sonnenexponierte Seite des Hauses, die jedoch mittels außen liegender Aluminium-Jalousetten auch nach Bedarf geschlossen werden kann. Sitz- und Sonnenplätze nutzen die beschützte Lage der unteren Geschosse.

Die Transparenz des Baustoffs Glas kommt umso besser zur Geltung, je unmittelbarer der Bezug zwischen Innen und Außen ist. Beim Haus der Architektenfamilie Brückner, das sich in einem bevorzugten Wohnbereich von Stuttgart befindet, trägt die Lage an einem steilen Hangabfall mit weitem Blick über die Stadt wesentlich zur Wirkung und zur Atmosphäre des Gebäudes bei. Einerseits in einen idyllischen Gartenbereich eingebettet, bieten sich in den oberen Wohngeschossen andererseits wundervolle Blickbeziehungen über die gesamte Stadt.

Wohnen auf vier Etagen

Die Eigenschaften des gewählten Baugrundstücks – starke Hanglage bei relativ kleiner Fläche und attraktiver Weitblick – ließen es Shirin und Uwe Brückner nahe liegend erscheinen, ein Gebäude mit kleiner Grundfläche und großer Höhe zu entwerfen, das den zur Verfügung stehenden Platz optimal ausnutzen und sich gleichzeitig deutlich über die umgebende »Hauslandschaft« erheben könnte. So entstand ein turmartiger, jedoch transparenter statt trutziger Baukörper mit vier Wohnebenen. Die Haupterschließung erfolgt über das nordseitige Eingangsgeschoss, dessen eher geschlossenem Grundcharakter mit seiner dunkel anthraziten Grundfarbe die beiden voll verglasten Eingangstüren als transparente Elemente gegenüberstehen. Die Eingangsebene ist für das Kochen und gemeinsame Essen bestimmt, die westseits untergebrachte Treppe erschließt die darunter angeordnete Wohnebene sowie die beiden untersten Geschosse, wo sich Schlafzimmer und untergeordnete Nutzungen befinden. Von oben nach unten wird so der Charakter der Raumfunktionen privater. Zu dieser funktionalen vertikalen Aufteilung kommt die Ost-West-Zweiteilung der Geschosse – der Bereich des Treppenhauses mit Neben- und untergeordneten Funktionsräumen im Westen einerseits, der nach Osten ausgerichtete Wohnbereich mit den wichtigsten Räumen andererseits. Als Raumteiler fungieren skulptural wirkende, halb transparente weiße Raumeinheiten aus Kunststoff. Diese weißen »Trennkörper« haben nicht nur aufgrund ihrer stofflichen Eigenschaften, sondern auch wegen der oben und auch auf den Seiten verbleibenden Durchblicke keineswegs abschottenden Charakter. Das Treppenhaus selbst wirkt, obgleich nordseits situiert, durch seine große Dachverglasung bis zum untersten Geschoss stets angenehm hell.

Von Grün gesäumt, mit Weitblick nach Osten

Hoher eingewachsener Baumbestand im Norden sowie als zusätzliche Einbettung wirkende Sträucher im Bereich der westlichen Grundstücksgrenze stellen einen grünen Saum her, nach Süden weitet sich der Raum zur Stadt auf. Ergänzend zum Haupteingang im Westen führt von der Straße eine Erschließungstreppe hinab zum südlich situierten Garteneingang, der dem Sitzplatz im zweiten Geschoss unmittelbar zugeordnet ist. Die holzgedeckte Terrasse bildet im Material einen organischen Kontrapunkt zu den Materialien Glas und Stahl. Die Stahlprofile der Fenster wurden so gering wie möglich dimensioniert und halten dennoch den in dieser Lage nicht unerheblichen Belastungen durch Winddruck problemlos stand. Bei der Verglasung handelt es sich um zweischeibige Wärmeschutzgläser, die sowohl die effiziente passive Nutzung der Sonnenenergie gewährleisten als auch einen guten Schutz vor Überhitzung bieten. Zusätzlich besitzt die – mit Ausnahme der Nordseite – komplett verglaste Fassade einen Sonnenschutz aus außen liegenden, elektrisch regelbaren Aluminium-Jalousetten. Somit wird das Gebäude auch im Hochsommer nicht zum Treibhaus, sondern bleibt ganzjährig ausgewogen temperiert.

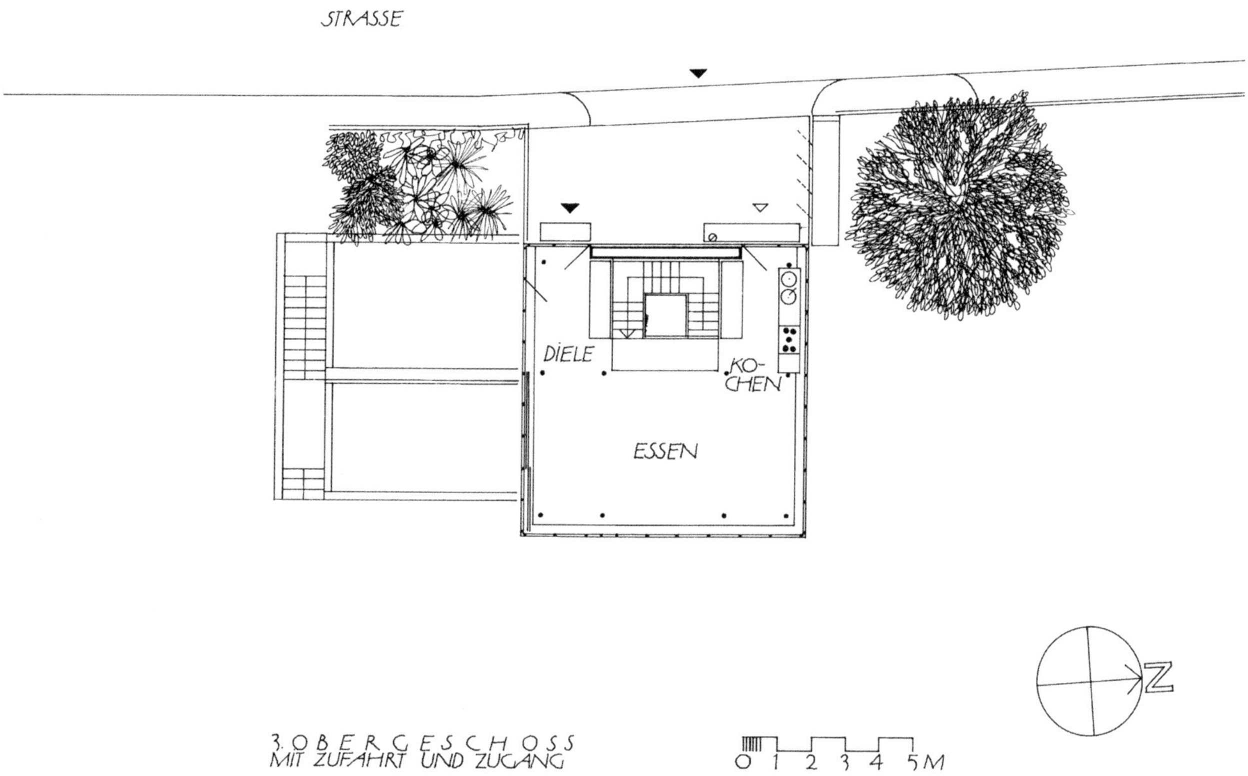
STRASSE
DIELE
KO-
CHEN
ESSEN
Z
3. O B E R G E S C H O S S
MIT ZUFAHRT UND ZUGANG
0 1 2 3 4 5M

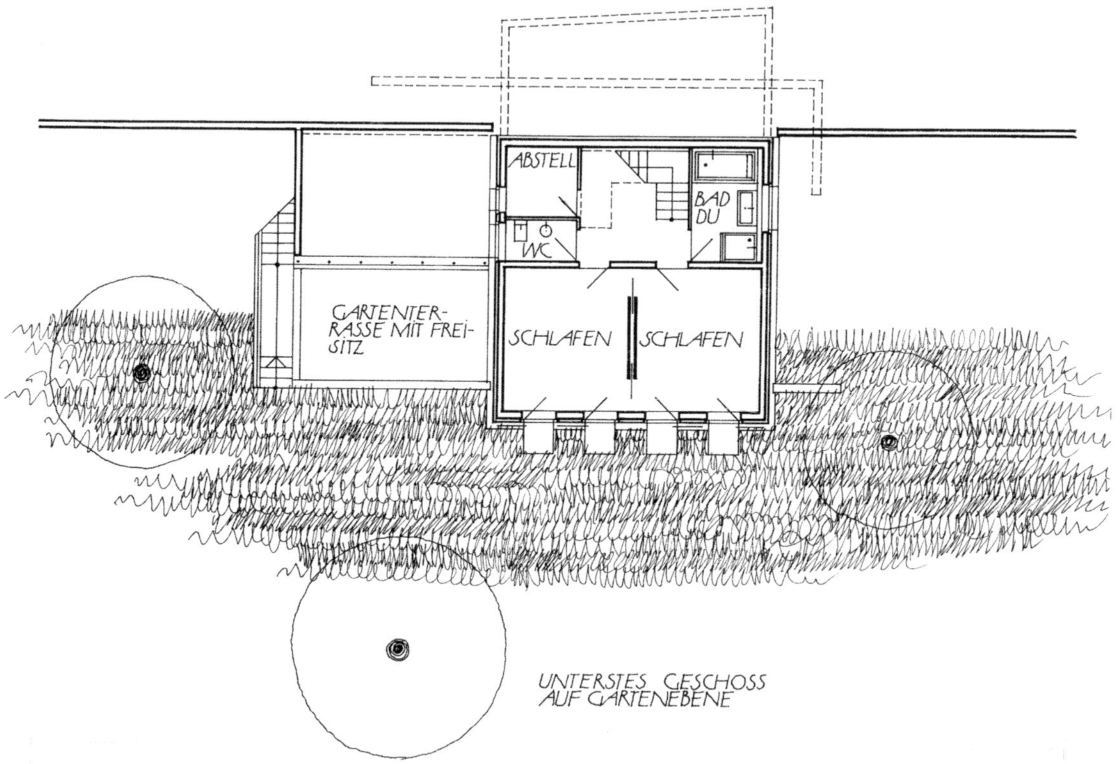
ABSTELL
BAD
DU
WC
GARTENTER-
RASSE MIT FREI-
SITZ
SCHLAFEN
SCHLAFEN
UNTERSTES GESCHOSS
AUF GARTENEBENE

Seite 18: Das Erdgeschoss mit dem Koch- und Essbereich (oben) wie auch das darunter liegende Wohngeschoss eröffnen weite Ausblicke auf die Stadt und profitieren zugleich von dem umgebenden dichten Baumbestand.

Oben: Das Eingangsgeschoss mit einem der beiden Eingänge.
Links: Das Treppenhaus – hinten der Ausgang zum Essplatz im Freien – ist durch das von den verglasten Fassaden beziehungsweise das große Glasshed im Dach einfallende Licht optimal belichtet.

Adresse der Architekten
Entwurf und Bauherrenschaft:
Shirin und Uwe Brückner
Quellenstraße 7
D-70376 Stuttgart
Telefon: 07 11-50 00 77 70
Telefax: 07 11-5 00 07 77 22
E-Mail: kontakt@atelier-brueckner.de

Ausführungsplanung und Bauleitung:
Thorsten Ruppe
Lindenspürstraße 38 b
D-70176 Stuttgart
Telefon: 07 11-3 05 62 34
E-Mail: mail@ruppearchitekten.de

Baudaten
Standort: Stuttgart
Bauzeitraum: April 2001–Dezember 2002
Grundstücksgröße: 457 m^2
Wohnfläche: 254 m^2
Baukosten: keine Angaben

Das oberste Geschoss
mit Blick zum Eingang
(links hinten) und zur
Treppe.

Glas in freier Landschaft

Eine zeitgemäße Villa in Vorarlberg

Dietrich | Untertrifaller Architekten, Bregenz

Rechte Seite oben: Der gläserne Baukörper passt sich in die Naturlandschaft ein.
Rechte Seite unten: Von Glas umgeben: Durchblick vom Koch- und Ess- zum Wohnbereich im Obergeschoss.

In gleichsam schwebender Manier wächst das gläserne Einfamilienhaus der Vorarlberger Architekten Dietrich | Untertrifaller in einen Wiesenhang hinein, ohne sich der Umgebung im Mindesten aufzudrängen. Im Gegenteil, Helmut Dietrich und Much Untertrifaller zeigen mit diesem Einfamilienhaus, wie außerhalb von Siedlungsbereichen eine große Wohnfläche mit geringstmöglichen Eingriffen und größtmöglicher Unaufdringlichkeit geschaffen werden kann.

Drei gläserne Ebenen in freier Natur

Die Oberkante der Hangterrasse nur mit dem Obergeschoss überschreitend, nimmt sich das Haus schon durch seine äußere Erscheinung gegenüber der umgebenden Landschaft zurück. Das Erdgeschoss und das Untergeschoss ducken sich in den Wiesenhang und fügen sich so bescheiden zwischen Blumen und Grashalme ein, wie das ein Baukörper dieser Größe nur tun kann. Indem das oberste Geschoss mit seinem Flachdach und seiner umlaufenden Veranda über die beiden unteren Wohnebenen auskragt, gewinnt der Baukörper visuell zusätzliche Leichtigkeit. Funktional dient diese Auskragung zusätzlich als Sonnenschutz.
Ein hangseitiger Erschließungssteg zum Haupteingang im Obergeschoss stellt das Haus frei und entkoppelt es von der Landschaft. Dies ermöglicht gleichzeitig die Beschränkung des Flächenverbrauchs, zu der im Übrigen auch die Entscheidung der Bauherren und der Architekten für dreigeschossige gegenüber zweigeschossiger Bauweise beitrug. Ein Sichtbetonbügel im Bereich der unteren Ebenen hält den filigran wirkenden Bau optisch zusammen und verleiht ihm Bodenhaftung.

Durchgängige Innenräume, weite Ausblicke

Insbesondere das oberste Geschoss stellt sich mit seiner Funktion als Hauptwohn- und Essbereich überwiegend durchgängig und ohne Sichtbarrieren dar, was nicht nur ein Wohnen ohne Wände, sondern auch allseits ungehinderte Ausblicke in das Tal und in die Landschaft ermöglicht. Die Schlafzimmer, Funktionsräume, Bad und WC befinden sich im Erdgeschoss; auch hier profitieren die Bewohner von der durch die großflächig verglasten westlichen Fassaden einströmende Helligkeit. Der auf der östlichen Hausseite situierte Gang wird ebenfalls durch große Glasflächen erhellt, die durch gläserne Türen auch den Zimmern natürliches Licht spenden. Im Untergeschoss ist das Haus im wahrsten Sinne eng mit dem Berg verwachsen: ein Stück Felsen wurde hier beim Bau nicht

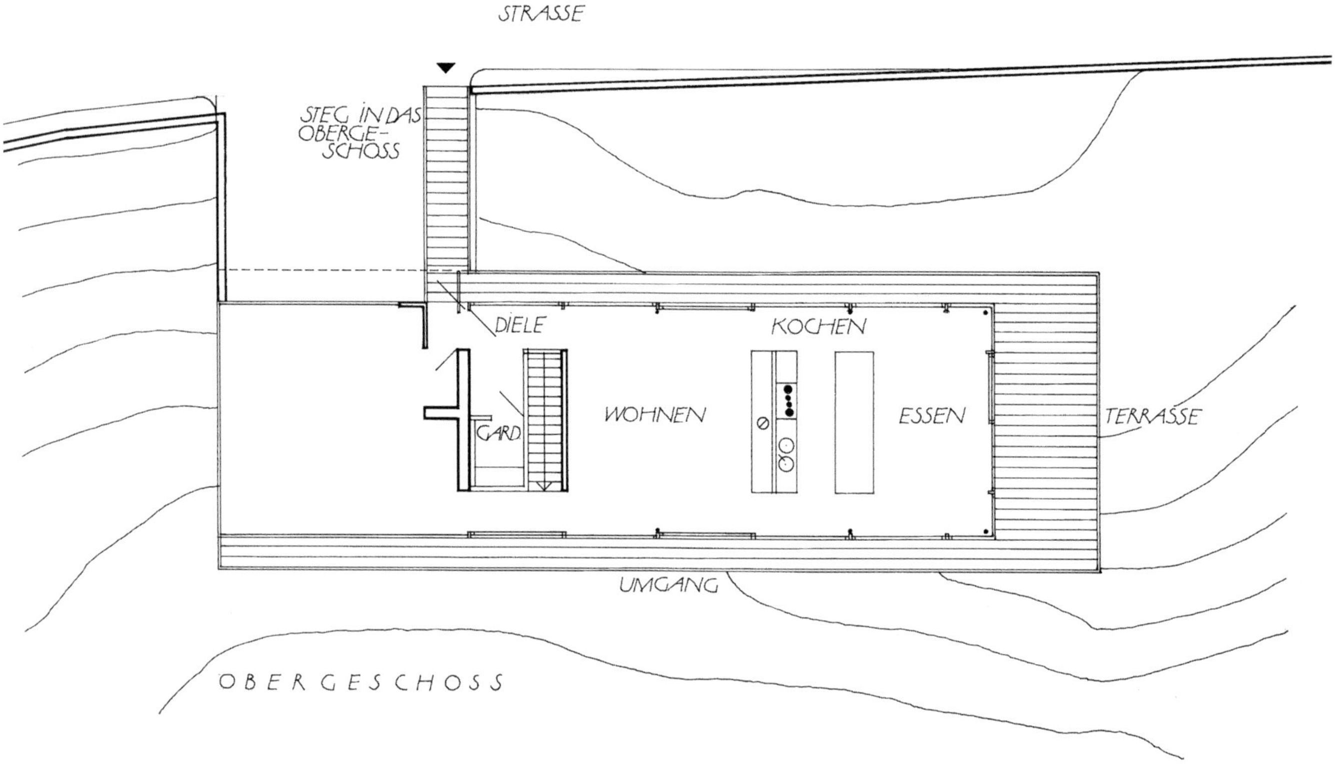
STRASSE
STEG IN DAS OBERGE-SCHOSS
DIELE
KOCHEN
GARD
WOHNEN
ESSEN
TERRASSE
UMGANG
OBERGESCHOSS

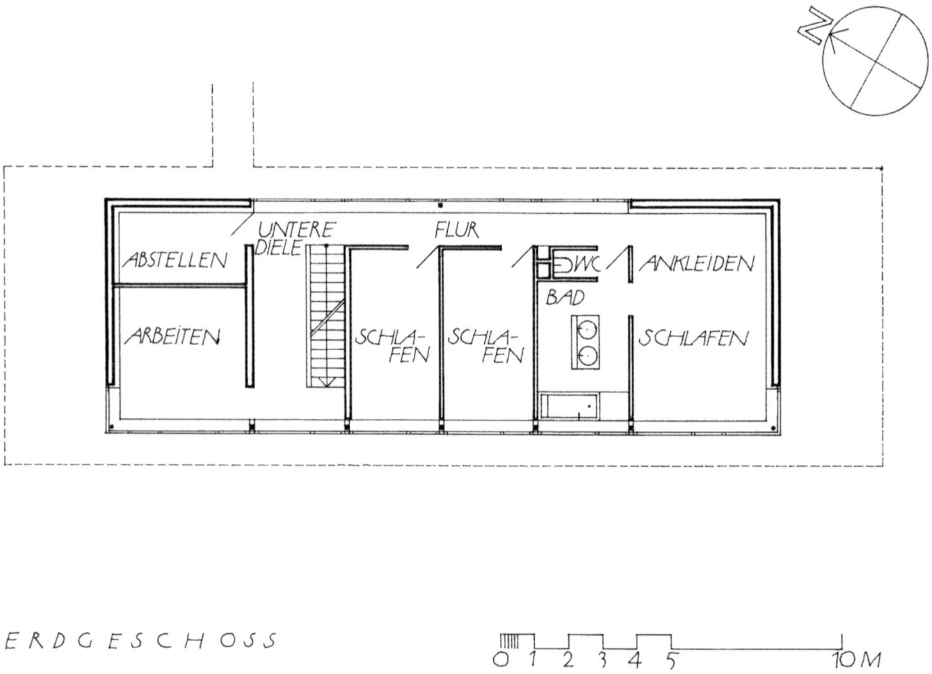
N
UNTERE DIELE
FLUR
ABSTELLEN
WC
ANKLEIDEN
BAD
ARBEITEN
SCHLA-FEN
SCHLA-FEN
SCHLAFEN
ERDGESCHOSS
0 1 2 3 4 5 10M

etwa weggesprengt, sondern ragt als wundervoll natürliche Skulptur in das Gebäude hinein. Auch im Äußeren tritt die Architektur fast demutsvoll hinter die Natur zurück – die umgebende Wiese blieb als solche erhalten, keine ziergärtnerischen Eingriffe, streng geschnittenen Hecken oder Zäune beeinträchtigen die perfekte Einheit von Haus und Landschaft.

Oben, rechts und unten: Während die beiden oberen Ebenen durch Transparenz gekennzeichnet sind (oben Blick aus dem Wohnzimmer, unten aus dem Bad im Erdgeschoss), bildet der in das Untergeschoss hineinragende Fels den landschaftsverhafteten Gegenpol.

Adresse der Architekten
Dietrich | Untertrifaller Architekten
Helmut Dietrich und Much Untertrifaller
Arlbergstraße 117
A-6900 Bregenz
Telefon: +43-55 74-7 88 88
Telefax: +43-55 74-7 88 88-20
E-Mail: arch@dietrich.untertrifaller.com
www.dietrich.untertrifaller.com

Baudaten
Standort: Klaus, Vorarlberg (A)
Bauzeitraum: 2002–2003 (8 Monate)
Grundstücksfläche: 2155 m²
Wohn- und Nutzfläche: 240 m²
Baukosten brutto: 1 100 000 Euro

Kubus in Glas und Weiß

Eine Villa bei Augsburg

Thomas Hirt, Augsburg

Rechte Seite: Die Südfassade präsentiert sich über beide Geschosse verglast. Das im Bild rechts unten zu sehende Glasshed sorgt für die Belichtung des Pflanzenraums, der sich im Untergeschoss befindet.

Die reizvolle Hanglage bot bei dieser Neubauvilla die Chance zur Verwirklichung eines ambitionierten Raumkonzepts auf drei Ebenen. Große Glasflächen nach Süden holen Licht in Fülle herein und lassen so die faszinierenden Innenräume optimal zur Geltung kommen. Die massiven, weiß gestrichenen Mauerwerkspartien wirken gerade auf der Südseite als gelungener gestalterischer Rahmen, der die großen Glasfassaden fasst und ihre Wirkung noch betont. Die naturfarbenen Holzfenster setzen einen ebenso zurückhaltenden wie natürlichen Akzent.

Gläserne Transparenz als Gestaltungsziel

Der Eingang nimmt bereits das von der Familie Ohnesorg und vom Bruder der Bauherrin, Architekt Thomas Hirt, entworfene Architekturprogramm des Hauses vorweg – den ebenso selbstverständlichen wie allgegenwärtigen Umgang mit dem Baustoff Glas in sehr unterschiedlichen Facetten. Ein senkrechtes Glasband über der Haustüre fügt die drei Wohnebenen optisch zusammen und erhellt gleichzeitig den inneren Eingangsbereich. Über die Aufgangstreppe in das erste Obergeschoss gelangt, findet man sich im Hauptwohnbereich wieder, der vollständig ohne trennende Wände auskommt; die Sonnenstrahlen können deshalb durch die südseits orientierte große Glasfassade ungehindert das gesamte Geschoss mit Sitzecke, Essbereich und nordseitig untergebrachter Küche durchfluten. Auch im zweiten Obergeschoss profitieren alle Räume von den großen Glasflächen, durch die sich gleichzeitig traumhafte Ausblicke über die Baumkronen und auf die Stadt bieten. Die abgetrennten Räume im Obergeschoss sind durch schmale senkrechte Glasbänder optisch in den Raumzusammenhang einbezogen. Das nach Südosten orientierte Elternschlafzimmer besitzt eine große Glasfront, durch deren Fenstertüre die angehängte Terrasse zugänglich ist. Deren ebenso ungewöhnliche wie überzeugende Betonüberdachung weist einen formal spannenden kreisrunden Ausschnitt auf, durch den zusätzliches Licht auf den Sitzplatz und in das Schlafzimmer fällt.

Glas und Energieeffizienz

Die gläserne Transparenz des Hauses ist nicht nur in ästhetischer Hinsicht überzeugend, sondern spart durch die ganztags optimale Belichtung auch beträchtlich Strom für die Beleuchtung – künstliches Licht wird untertags nur sehr selten benötigt. Noch wichtiger jedoch ist der Effekt hinsichtlich der erzielten Energieeffizienz: Die großen Fensterflächen nach Süden sorgen für die optimale Ausnutzung der Sonnenstrahlen

Oben: Blick durch das Erdgeschoss mit der Treppe zur obersten Wohnebene.
Oben rechts: Ein über zwei Ebenen reichendes senkrechtes Glasband markiert wirkungsvoll den Eingangsbereich, der sich im untersten Geschoss befindet.

und für einen beträchtlichen Wärmegewinn. Die massiven, 30 Zentimeter dicken Wände aus Hochlochziegeln mit Vollwärmedämmung speichern die gewonnene Wärme und geben sie allmählich an die Raumluft ab. Zudem wird durch die auf den weniger sonnenbeschienenen Seiten – vor allem nach Norden – hoch geschlossen ausgeführten Fassaden gewährleistet, dass die Wärmeverluste gering bleiben. Dennoch ziehen auch auf den weniger »sonnenhungrigen« Seiten des Hauses geschickt eingefügte Glasbänder die Blicke auf sich und ermöglichen – je nach Standpunkt – vielfältige spannende Aus- oder Einblicke.

Wohnerlebnis auf drei Ebenen

Dem hinsichtlich der Wohnfläche kleinsten Eingangsgeschoss sind ein glasbedachter Wintergarten sowie Sauna, Toilette, Wasch- und Abstellräume zugeordnet. Das erste Obergeschoss ist dem Wohnen, Kochen und Essen vorbehalten, das zweite Obergeschoss umfasst Schlafzimmer, Arbeitsräume, Bad und Ankleide. Die Wege sind durch diese durchdachte funktionale Aufteilung kurz, der Wohnwert der einzelnen Bereiche sehr hoch. Die Wohnqualität wird noch um ein weiteres dadurch aufgewertet, dass die auf der Südseite vorgelagerte holzgedeckte Terrasse den Wohn- und Essbereich nach draußen fortsetzt und so einen höchst stimmungsvollen Aufenthaltsplatz entstehen lässt.

Die bereits vor dem Bau des Hauses vorhandene Grundstücksmauer schützt beim Essen und Sonnen im Freien vor allzu neugierigen Blicken. Im Sommer sorgt ein dem Holzdeck zugeordnetes Wasserbassin auf der Westseite des Hauses für kontemplative Stimmung.

Oben: Blick vom Kochbereich zur Sitzecke und in den Garten.

Unten: Spannungsvoll gesetzte Glasflächen bestimmen die Architektur des Einfamilienhauses. Auf der Westseite sorgen winkelförmig angeordnete Fenster nicht nur für die Belichtung der Treppe, sondern auch für ungewöhnliche Lichteffekte.

Oben: Frontalansicht der Südfassade, die die Sonnenstrahlen einfängt.
Rechte Seite links: Ansicht von Südosten. Im Vordergrund das Pflanzenhaus. Holzverschalte Bereiche schaffen zusammen mit den verglasten und massiven Flächen einen abwechslungsreichen Dreiklang.
Rechte Seite rechts: Gesamtansicht des Hauses von Südwesten.

Adresse Architekt
Thomas Hirt
Alte Gasse 1
D-86152 Augsburg
Telefon: 08 21-57 39 27
E-Mail: t.hirt@t-online.de

Baudaten
Standort: Leitershofen bei Augsburg
Bauzeit: 2000–2001 (8 Monate)
Grundstücksfläche: ca. 600 m²
Wohnfläche: 207 m²
Baukosten gesamt: ca. 414 000 Euro

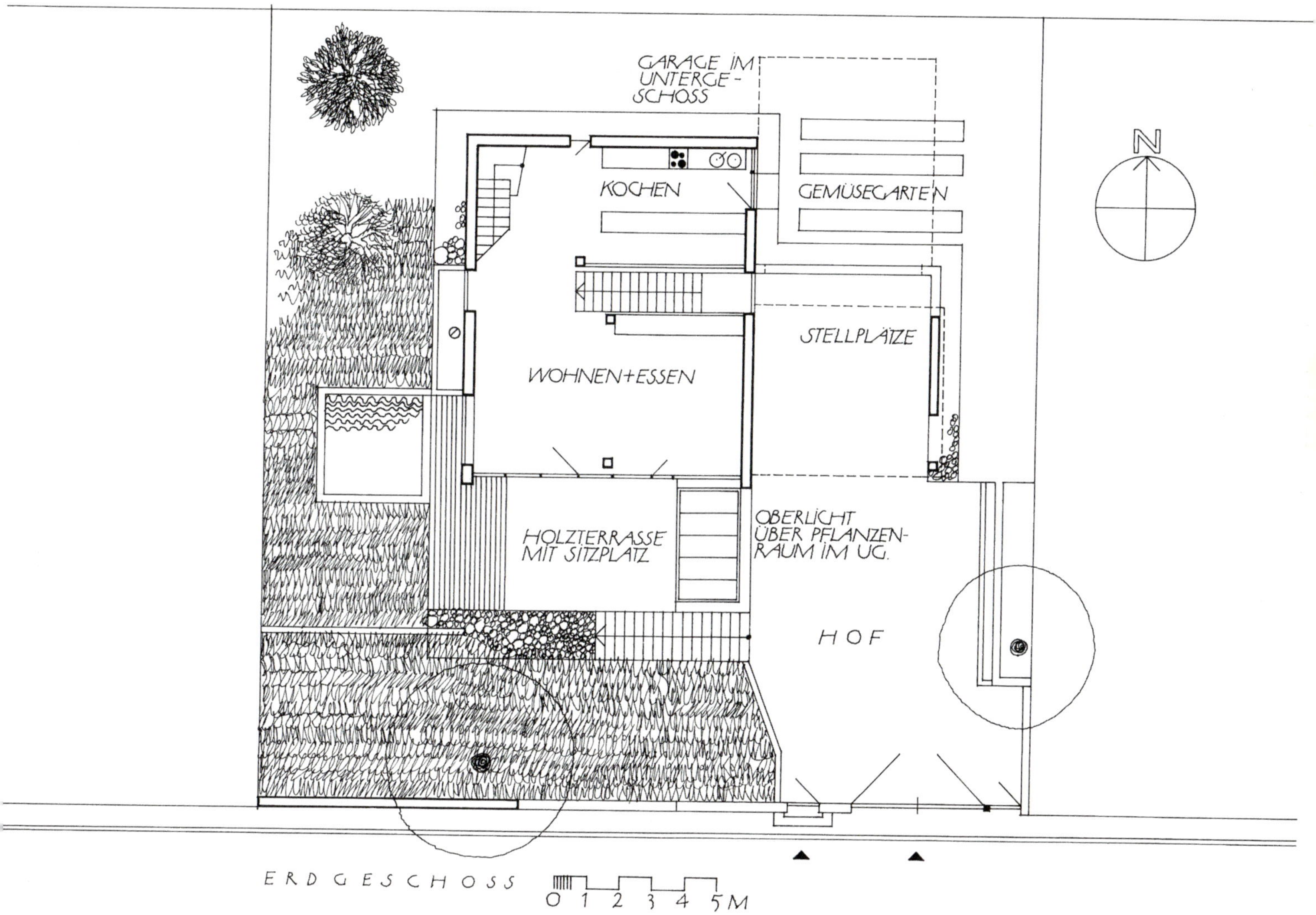
GARAGE IM UNTERGE-SCHOSS
KOCHEN
GEMÜSEGARTEN
N
STELLPLÄTZE
WOHNEN+ESSEN
HOLZTERRASSE MIT SITZPLATZ
OBERLICHT ÜBER PFLANZEN-RAUM IM UG.
HOF
ERDGESCHOSS
0 1 2 3 4 5M

Gläserner Blick aufs Wasser

Ein Einfamilienhaus über dem Zürichsee

Kurt Hauenstein atelier.f, Fläsch

Rechte Seite: Gesamtansicht des Einfamilienhauses in der Landschaft von Westen.
Unten: Süd- wie auch Westseite des Gebäudes sind auf beiden Hauptwohngeschossen großflächig verglast, die betonierten Vordächer – über dem unteren Geschoss gleichzeitig Balkon – schützen vor Überhitzung.

Im Einzugsbereich der heimlichen Schweizer Metropole gelegen, bietet das hier beschriebene Einfamilienhaus alle Vorteile eines hohen Wohnkomforts, wobei es sich mit großen Glasflächen zum südseits gelegenen See und zur sich westlich anschließenden, hügeligen Wiesenlandschaft öffnet. Bewusst ausgeblendet werden dagegen die Ausblicke auf die umgebenden Wohnhäuser. Dadurch vermittelt das am Rand eines Bebauungsgebiets errichtete Einfamilienhaus der Familie Frick den Eindruck eines transparenten Monolithen, der weniger mit der gebauten Umgebung als mit der Landschaft kommuniziert.

Lichtarchitektur auf allen Ebenen

Der dreigeschossige, nach den Plänen des Architekten Kurt Hauenstein errichtete Baukörper ermöglicht auf allen Wohnebenen einen weiten Ausblick, der vor allem durch die Hanglage sowie den großzügig gewählten Abstand zum südlich angrenzenden Nachbargrundstück zustande kam. Die Schlafräume der Eltern sowie der drei Töchter befinden sich im untersten Geschoss, ein Nord-Süd-orientierter Mittelgang trennt diesen Trakt von den ostseits gelegenen untergeordneten Nutzungen wie Bädern und WC, Abstell- und Fitnessräumen. Der lange Gang wirkt als visueller Sog, der den Blick gleichsam magisch zum Lichtschein der südlichen Fensterfront lenkt. In nördlichem Anschluss an den »Sog-Gang« führt eine Treppe nach oben zum Eingangsbereich, dessen Glasfronten auf der Außenseite mit einer Konstruktion aus senkrecht montierten Holzlamellen versehen sind. Dies schützt das Hausinnere vor Einblicken, lässt dennoch gleichzeitig reichlich Licht herein und ergibt insbesondere bei künstlicher Beleuchtung von außen betrachtet sehr reizvolle Lichtwirkungen.

Wohnen und Essen vor See und Bergen

Vom Eingangsbereich führt die – entsprechend allen Hauptwohnbereichen – schieferbelegte Stahltreppe nach oben zum Büro und zur gro-

Oben: Gemütlicher Ruheplatz mit weitem Ausblick auf dem »Oberdeck«.

Rechte Seite oben: Das oberste Geschoss bietet nicht nur vom Essplatz im Freien, sondern auch durch die großen Glasflächen von drinnen traumhafte Sicht auf die umgebende Naturlandschaft.
Rechte Seite unten: Blick durch das Wohn- und Esszimmer zum Zürichsee.

ßen Terrasse und geradewegs weiter in den Wohnraum. Funktional in einen westseitigen Wohnbereich mit großem Esstisch für festliche Gelegenheiten und einen Küchenbereich mit dem Esstisch für alle Tage unterteilt, ist hier doch weitgehende Durchgängigkeit und eine allzeit wundervolle Belichtungssituation gewährleistet – von dem Sehnsucht weckenden Ausblick auf den Zürichsee und die Berge gar nicht zu reden. An kalten Tagen sorgt ein in den Essbereich gestellter, als Raumskulptur konzipierter Ofen für wohlige Wärme. Den Sonnenschutz an heißen Tagen übernimmt im Hauptwohngeschoss ein von der West- auf die Ostseite umlaufendes Vordach, das zugleich die darunter liegende Veranda beschirmt; auf dem »Oberdeck« findet – der Terrasse zugeordnet – ein Esstisch Platz unter dem Vordach, die zusammen mit dem Architekten konzipierte Sonnensegelkonstruktion wird zu einem immanenten Teil der Architektur. Der Baustoff Beton fungiert bei diesem Haus im Grunde nur als zurückhaltend grauer Rahmen für das virtuose Spiel von Licht und Glas.

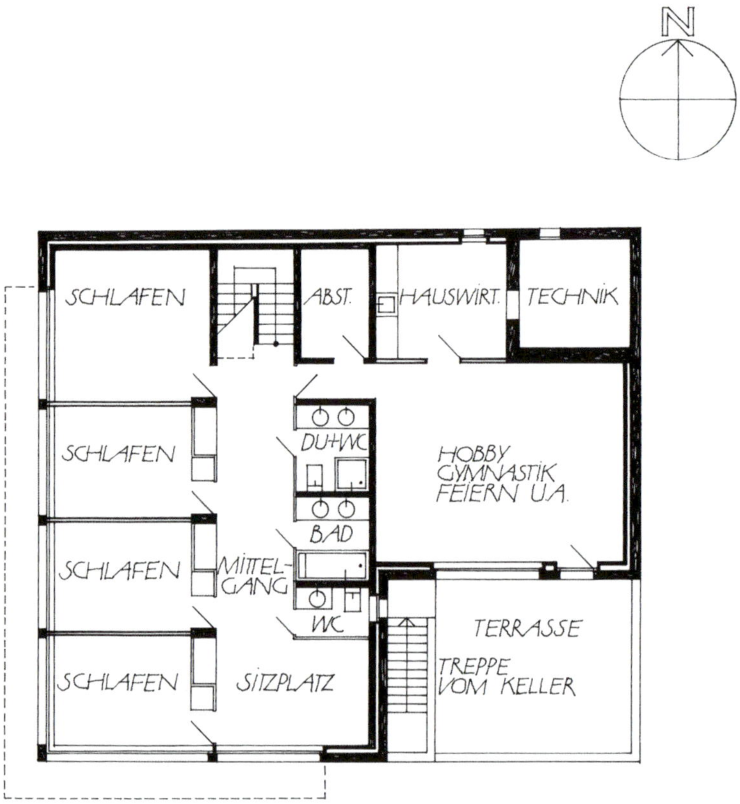

UNTERGESCHOSS

Links: Der kleine, der Küche zugeordnete Essplatz bietet den ganzen Tag und das ganze Jahr direkten Kontakt zum See, zu Natur und Wetter.

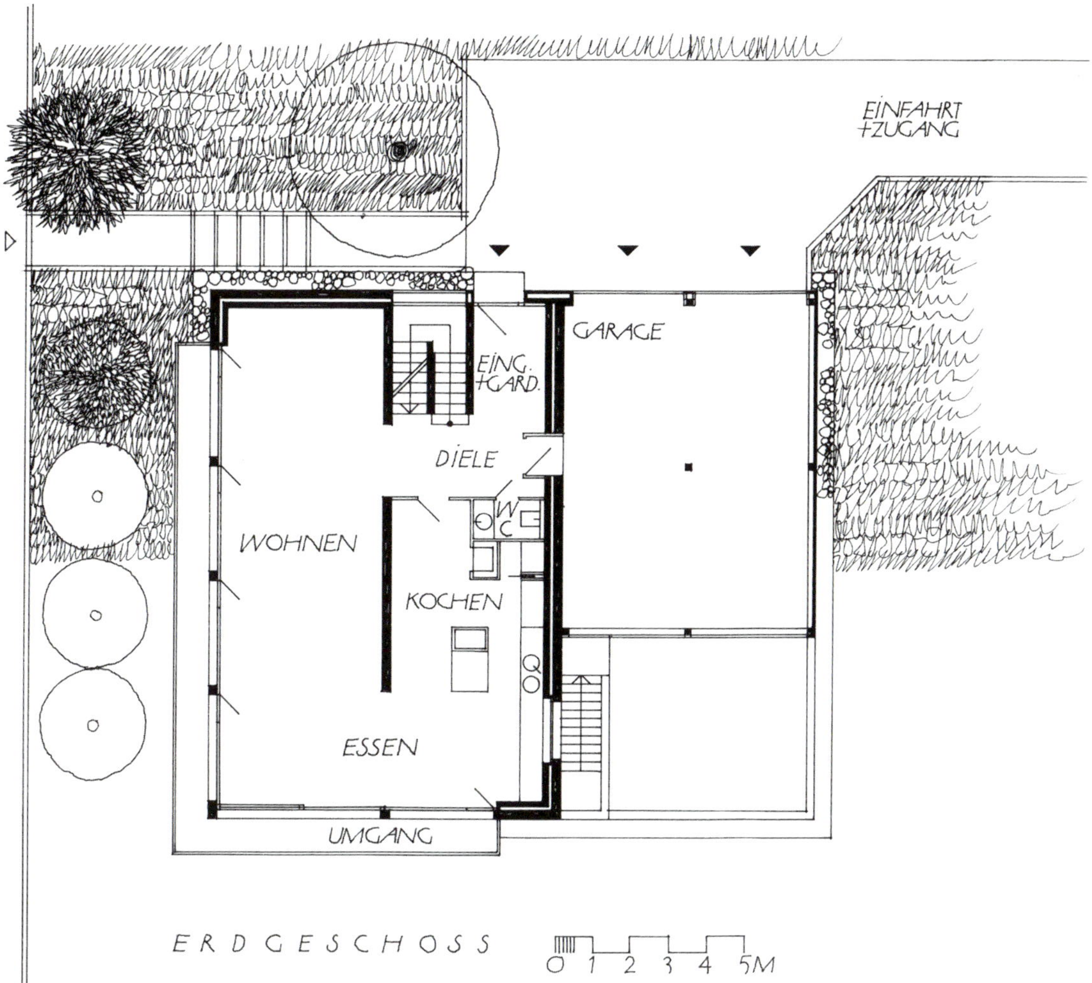

ERDGESCHOSS

Adresse des Architekten
Kurt Hauenstein
atelier.f
CH-7306 Fläsch
Telefon: +41-81-3 30 12 92
Telefax: +41-81-3 30 12 91
E-Mail: architektur@atelier-f.ch
www.atelier-f.ch

Baudaten
Standort: am Zürichsee
Bauzeitraum: 1998–1999 (14 Monate)
Grundstücksfläche: ca. 800 m²
Wohnfläche: ca. 300 m²
Baukosten: keine Angaben

Blaue Vision in Glas

Ein Einfamilienhaus am Sarner See

Imhof Architekten, Sarnen

Rechte Seite oben: Ausblick vom Wohnzimmer über den privaten Bootsliegeplatz auf den Sarner See.
Rechte Seite unten links: Ansicht des Gebäudes von Westen mit dem Eingangsbereich (links) und dem großen Panoramafenster im Obergeschoss.
Rechte Seite unten rechts: Moderner Guckkasten: Die seeseitige Fassade wurde über beide Geschosse raumhoch verglast. Unten befinden sich der Koch-, Ess- und Wohnbereich, oben die Schlafzimmer sowie ein großer Aufenthalts- und Spielebereich.

In freier Lage inmitten der Landschaft, vor Berggipfeln und insbesondere nahe dem Wasser entfalten vom Architekturelement Glas dominierte Häuser ihren außergewöhnlichen Charakter. Das von den Architekten Monika und Eugen Imhof geplante Einfamilienhaus der Familie von Wyl-Bucher nimmt mit seiner Lage direkt am Sarner See sowohl die Nähe der Wasserfläche als auch der Berge in sich auf. Diese Vorzüge machen fast vollständig vergessen, dass das Gebäude eigentlich Teil eines Wohngebiets des Kantonshauptorts Sarnen im Kanton Obwalden ist.

Glas in allen Facetten

Das mit einem bewohnbaren Flachdach ausgestattete, in Holzbauweise errichtete Gebäude stellt sich nicht einfach als verglaster Kubus dar, sondern zeigt sehr viele unterschiedliche Gesichter. Auf der straßenseitigen Eingangsfassade im Norden lädt ein breites, geschosshohes Fensterband zum Eintreten, das gestalterisch mittels eines kunstvoll geschwungenen Vordachs mit einem organisch geformten Anbau zusammengefügt wurde. Dieser futuristische Lagerraum im Erdgeschoss, der den Keller ersetzt, ist mit vertikal montierten Brettern aus unbehandeltem Red-Cedar-Holz verschalt und bildet ebenso wie die massive hölzerne Eingangstüre durch seine völlige Geschlossenheit einen gelungenen Widerpart zu der dazwischen geschobenen breiten Glasfront des Flurs. Auf der Westseite stellt eine weitere Glasfront die gestalterische Entsprechung im Obergeschoss dar und gewährleistet zur gleichen Zeit die optimale Belichtung der im nordwestlichen Hauseck untergebrachten Treppe wie auch der Sanitärräume, die in einem eingestellten »Betonturm« untergebracht sind. Ostseits wiederum bilden drei durch breite Fensterrahmen akzentuierte, den Schlafräumen des Obergeschosses zugeordnete Fassadenausschnitte die Landschaft von innen gesehen gleichsam wie in Bilderrahmen ab. Gerade diese breiten Rahmen der Holz-Metall-Fenster kontrastieren mit ihrem warmen Bronzeton farblich wirkungsvoll mit dem kühlen Blau der Faserzementtafeln an der Fassade.

Offen nach Süden

Die Südseite ersetzt das gelungene Spiel offener und geschlossener Flächen durch umfassende Transparenz; hier ist die Fassade auf beiden Ebenen komplett verglast, bewusst schmal dimensionierte Rahmen und Profile unterstreichen die Wirkung. Im Erdgeschossbereich wird die Verglasung übers südöstliche Hauseck geführt, um vom Essbereich aus Ausblicke auf alle Seiten zu ermöglichen und einen ganztags angenehmen Aufenthalt zu

Oben und rechte Seite: Ausblick vom Essbereich. Nur durch eine schmale Wand getrennt, ergeben sich im Erdgeschoss vom Koch- und Essbereich (links) wie auch vom Wohnbereich direkte Blickbeziehungen zum Garten und zum See.

Links: Ansicht der seeseitigen Fassade von Süden.

gewährleisten. Wegen der direkten Orientierung zur Seeseite sind unerwünschte Einblicke ausgeschlossen und die Privatheit trotz der umfassenden Verglasung gewahrt. Eine geschickte Grundrissplanung gewährleistet zudem, dass die Innenräume von der Straßenseite her praktisch nicht einsehbar sind. Vom südseitigen Wohn- und Essbereich im Erdgeschoss besteht ein direkter Zugang zum holzgedeckten Sitzplatz, zum Garten und weiter zum privaten Bootsliegeplatz.

Sonnenenergie und wirkungsvolle Dämmung

Das verfolgte Minergie- oder Niedrigstenergiekonzept bedingte neben den riesigen Glasflächen im Süden, die für einen beträchtlichen Wärmegewinn sorgen, auch eine hoch wärmegedämmte Ausführung der äußeren Gebäudehülle und den Einbau einer kontrollierten Be- und Entlüftung mit Wärmerückgewinnung. Das Brauchwasser erwärmt ein 16 Quadratmeter großer, auf dem Flachdach montierter Sonnenkollektor, die Restwärme wird über eine Wärmepumpe mit Erdsonde erzeugt.

Ungeachtet allen gestalterischen Einfallsreichtums, der das Haus aus der Menge auch guter Nachbarn heraushebt, ist auf die energietechnischen Details größter Wert gelegt worden. Wärmeschutzglas (1,1 W/m^2K süd-, ost- und westseitig, 0,9 W/m^2K nordseitig) dient für die Bewahrung der Wärme. 75 Prozent der erzeugten Energie werden in Form von Wärmerückgewinnung, Sonnenenergie und die Wärmepumpe bereitgestellt.

Adresse der Architekten
Imhof Architekten
Monika Imhof-Dorn und Eugen Imhof
Dorfplatz 6a
CH-6060 Sarnen
Telefon: +41-41-6 60 77 75
Telefax: +41-41-6 60 91 42
E-Mail: imhofarchitekten@bluewin.ch

Baudaten
Standort: Sarnen, Kanton Obwalden
Bauzeitraum: 2002 (6 Monate)
Grundstücksfläche: 705 m²
Wohnfläche: 259 m²
Baukosten: ca. 920 000 sFr.

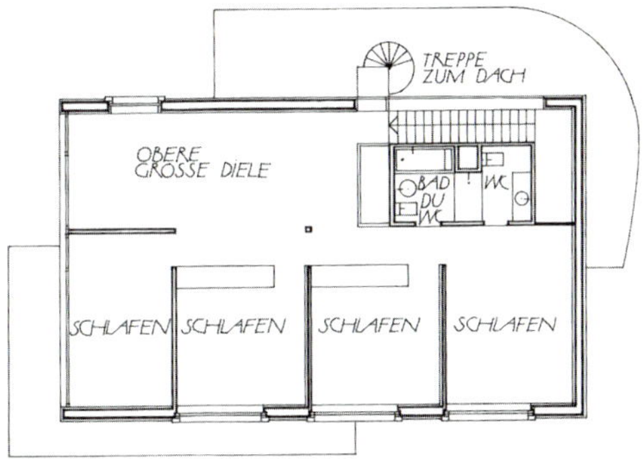

OBERGESCHOSS

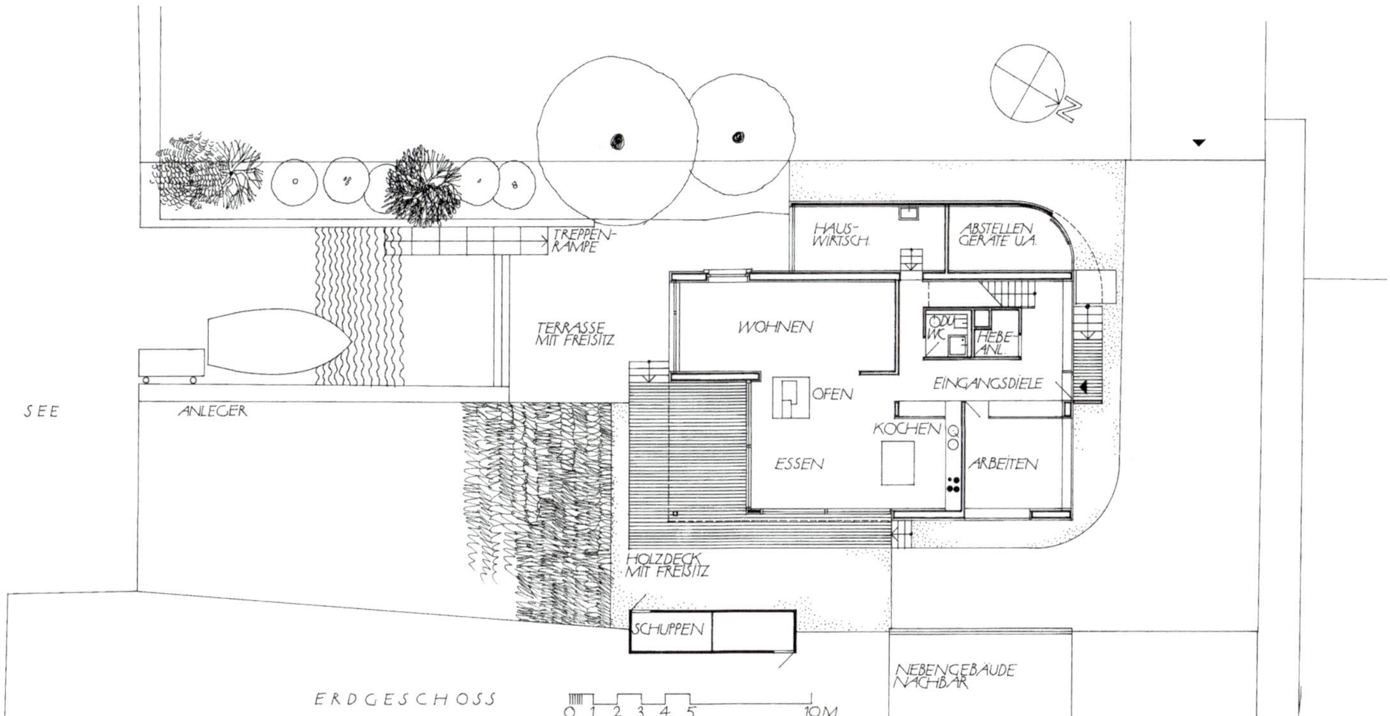

ERDGESCHOSS

Gläserne Kochaltane und stimmungsvoller Wintergarten

Ein Einfamilienhaus bei München

Bernhard Landbrecht, München

In einem älteren Siedlungsbereich einer Münchner Stadtrandgemeinde entstand ein mit dem flach geneigten Satteldach auf den ersten Blick eher unauffälliges, bei näherer Betrachtung aber sehr ungewöhnliches Einfamilienhaus. Während sich das von Architekt Bernhard Landbrecht geplante Gebäude mit seinem nach Nordosten gerichteten Giebel zurückhaltend und eher geschlossen darstellt, verändert sich der Charakter der Architektur bei der Annäherung des Betrachters; die lang gestreckte südöstliche Traufseite ist weithin von der Wirkung des Baustoffs Glas in unterschiedlichen konkreten Varianten geprägt. Die beiden Geschosse gewinnen dabei verschiedenartige gestalterische Ausprägungen und Grundrissstrukturen, die die sich zu einer sehr spannungsreichen Architektur fügen.

Ausblicke und Durchsichten

Gleichsam unter die Veranda geduckt, die sich über die gesamte Südostseite erstreckt und den Erdgeschossbereich überspannt, zieht ein aus der ansonsten weitgehend geschlossenen Gebäudeform herausragender Bauteil die Blicke auf sich: Die so frei gestellte, größtenteils verglaste Küche wirkt wie die Brücke eines Schiffes, von der aus sich Blicke nach drei Seiten bieten. Die an Mahagoni erinnernde Farbe der Fensterrahmen und die Holzdecks, gepaart mit dem Blau der Faserzementtafeln, verstärken den maritimen Eindruck zusätzlich. Der Küche zugeordnet sind der Haupteingang und ein Freisitz, der sich geschützt im südlichen Eck vor dem Wohnzimmer befindet. Von hier sind

Links: Impression der südseits platzierten Kochaltane.
Rechte Seite: Ansicht der Südfassade mit Blick nach Nordosten. Gut zu erkennen ist, wie die verglaste Kochaltane im Erdgeschoss gleichsam einen eigenen Baukörper bildet. Im Obergeschoss der großflächig verglaste Wintergartenbereich. Links der Zugang zum Esszimmer.

Links: Blick durch den Wintergarten Richtung Osten.
Unten: Durchblick vom überdachten Essplatz beim Wohnzimmer zur Kochaltane.

sowohl Einblicke ins Hausinnere als auch Aus- und Durchblicke in den gesamten Garten möglich.

Obergeschoss in Glas

Im Obergeschoss bildet ein Wintergarten das gestalterische Pendant der Kochaltane. Eine auf der gesamten Trauflänge verglaste Pultdachkonstruktion aus Holz überspannt sowohl die Veranda als auch den Wintergarten, der von den Schlafzimmern aus zugänglich ist. Der weiße Anstrich der Hölzer betont noch die Transparenz dieses Bauteils, der zugleich als Wärmespeicher und Wärmepuffer dient.
Die Regulierung der Sonneneinstrahlung übernehmen bei den meisten übrigen Fensterflächen breite, wandelementartige Schiebeläden, die elektrisch gesteuert werden. Zahlreiche in die Faserzementtafeln gesägte Lichtschlitze werden bei Nacht zu einem außergewöhnlichen Muster.

Ein Haus mit vielen Varianten

Das Wohnerlebnis im Innenraum ist nachhaltig durch die Glasflächen der Fassade und das natürliche Licht geprägt. Die traufseitige, stets taghell erleuchtete und als Erschließungsgang konzipierte Diele führt vom Eingang bis in den erdgeschossig angefügten Wohnzimmertrakt. Zwei Treppen erschließen von dort aus das Obergeschoss. Aufgrund dieser Grundanlage sowie unter anderem dreier im Obergeschoss untergebrachter Bäder kann das Haus bei Bedarf vielfach unterteilt und – etwa als Mehr-Generationen-Haus – genutzt werden.

Oben und rechts:
Das Wohnzimmer bietet durch seine großen Glasfenster traumhafte Ausblicke in den Garten.

Links: Umfassende Durchsicht: Blick vom Sitzplatz durch das Wohnzimmer in den Garten.
Rechte Seite: Durchgang vom Elternschlafzimmer in den Wintergarten.

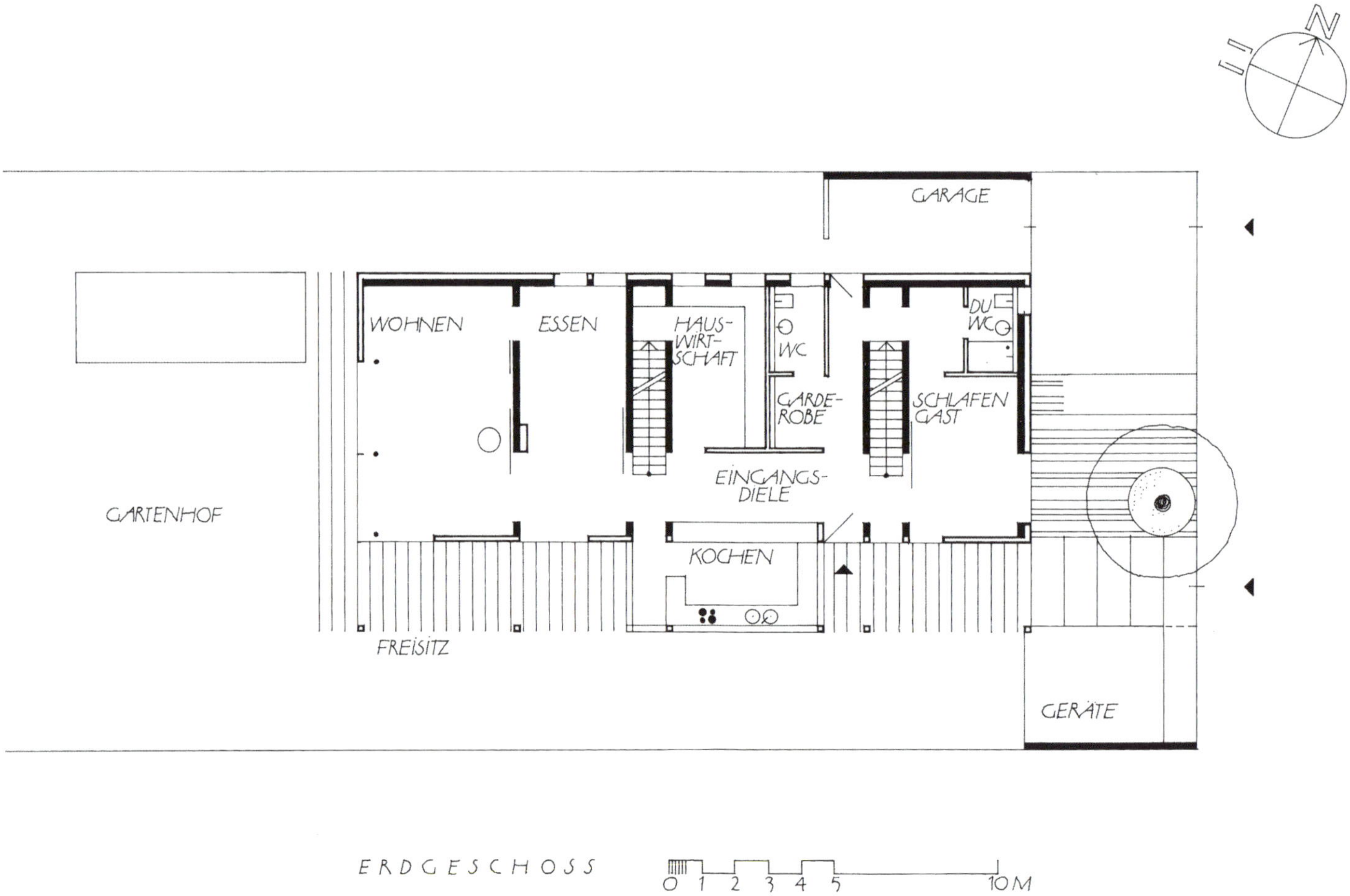

Adresse des Architekten
Bernhard Landbrecht
Isabellastraße 13/III
D-80798 München
Telefon: 0 89-2 73 21 70
Telefax: 0 89-27 32 17 27

Baudaten
Standort: bei München
Bauzeitraum: 1999–2001 (18 Monate)
Grundstücksfläche: 680 m²
Wohnfläche: 240 m²
Baukosten: keine Angaben

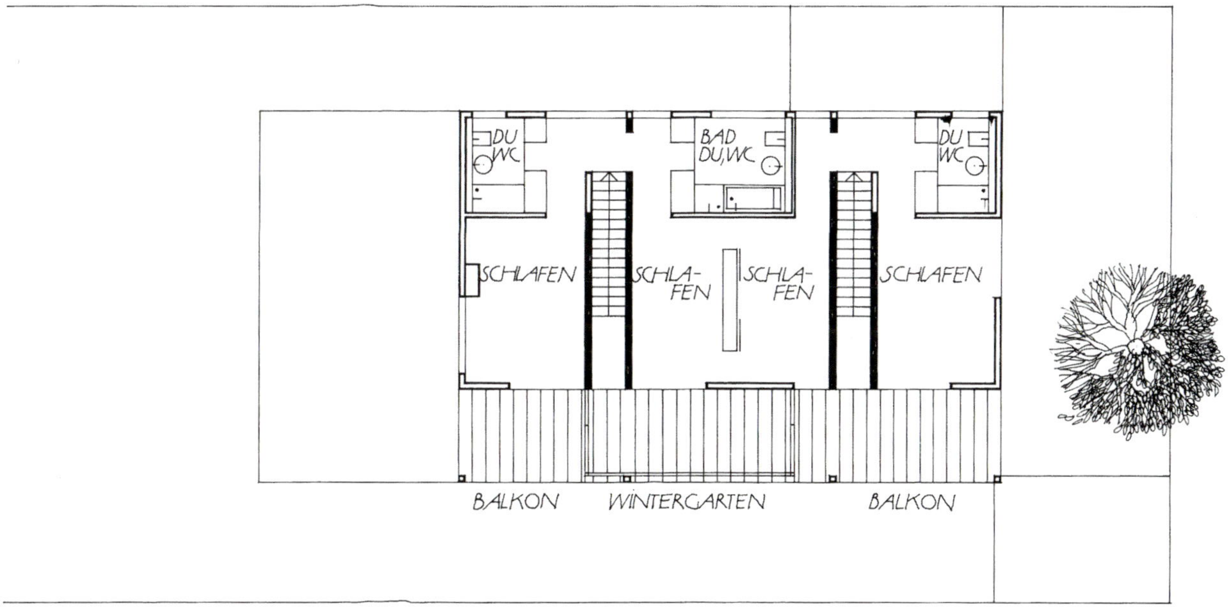

OBERGESCHOSS

Ein dreischiffiger Glasbau

Ein Einfamilienhaus in Braunschweig

Schulitz + Partner, Braunschweig

Rechte Seite oben: Auf der Westseite befindet sich der überdeckte Freisitz. Das Firstshed sorgt für eine optimale Belichtung der Räume im Obergeschoss.
Rechte Seite unten: Detail der Ostfassade.
Unten: Die komplett verglaste Ostfassade des Gebäudes.

Im niedersächsischen Braunschweig entstand ein von weitem betrachtet eher unauffälliges, bei näherem Hinsehen aber durchaus ungewöhnliches Einfamilienhaus. Das rote Satteldach war durch Bauvorschriften bedingt.
Von der Grundrissorganisation her mit dem »Hauptschiff« und zwei »Seitenschiffen« – der Terrassenpergola und dem Carport – einer Kathedrale nicht unähnlich, besteht das Tragwerk des Hauses komplett aus verzinktem Stahl. Das eigentliche Wohnhaus selbst besitzt eine einfache rechteckige Grundform, die sich aus der Größe und dem Zuschnitt des Grundstücks, den vorgeschriebenen Grenzabständen und der maximalen erlaubten Firsthöhen ableitete.

Glas in kreativer Fügung

Die Verwendung des Werkstoffs Stahl ermöglichte im Grunde erst das von den Bauherren und ihrem Architekten, Helmut C. Schulitz verfolgte Ziel eines lichtdurchfluteten und »gläsernen« Hauses. Das renommierte, ansonsten unter anderem durch Aufsehen erregende öffentliche Bauten für die EXPO 2000 bekannt gewordene Architekturbüro Schulitz + Partner tritt auch mit seinen Wohngebäuden den Beweis an, dass das Architekturelement Glas in kreativer Weise mit anderen Baustoffen in Beziehung gesetzt werden kann.

Glas und Stahl in Harmonie

Durch die geringen Querschnitte der Stahlfassadenkonstruktion auf den komplett verglasten Giebelseiten und auch die unauffällige, mit dem Glas optisch verschmelzende silberne Farbe tritt das Tragwerk hier praktisch nur als unauffälliges Netzwerk in Erscheinung; die in bewusstem Kontrast zu den »kalten« Materialien Glas und Stahl gewählten, naturfarben lasierten Holzfenster setzen geometrische Akzente in der Fassade. Nicht nur die Giebelseiten, sondern ebenso die übrigen Fassaden öffnen sich durch große Glasflächen dem Außenraum und dem Garten. Dies war durch die Lage am Siedlungsrand mit unverbaubarem Blick auf die angrenzende Auenlandschaft ohne Störung der Privatsphäre möglich.
Zum recht nah stehenden Nachbaranwesen auf der gegenüberliegenden Seite und zum Carport hin halten Aluminium-Wellplatten als Außenhaut die Blicke auf Distanz.

Durchgängigkeit und Helligkeit

Die Durchgängigkeit des Wohn- und Essbereichs im Erdgeschoss ist deutlich Programm, das dank des Stahltragwerks trotz der stattlichen Gebäudebreite perfekt umgesetzt werden konnte. Durch die randliche Platzierung der stählernen Treppe zum Obergeschoss, deren naturfarbene Trittstufen wiederum wohl-

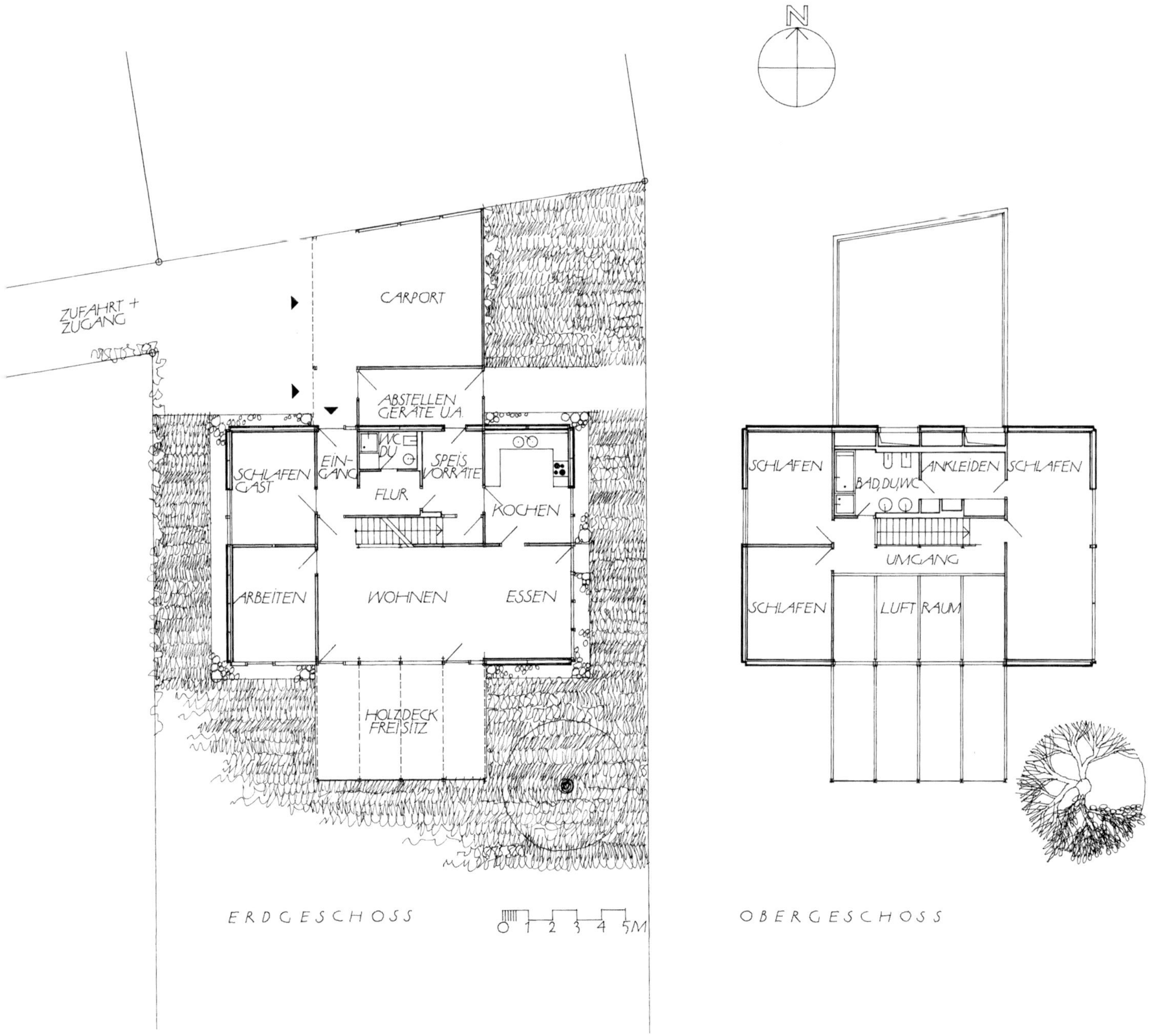
N
ZUFAHRT + ZUGANG
CARPORT
ABSTELLEN GERÄTE U.A.
WC DU
SCHLAFEN GAST
EIN-GANG
SPEIS VORRÄTE
FLUR
KOCHEN
ARBEITEN
WOHNEN
ESSEN
HOLZDECK FREISITZ
ERDGESCHOSS
0 1 2 3 4 5M
SCHLAFEN
BAD, DU, WC
ANKLEIDEN
SCHLAFEN
UMGANG
SCHLAFEN
LUFT RAUM
OBERGESCHOSS

Oben: Der große Wohn- und Essbereich gewinnt seine Raumqualität aus den großen Glasflächen und dem Fehlen von Sichtbarrieren sowie dem filigranen Charakter des Stahltragwerks.

tuende Bodenhaftung vermitteln, wird der fast hallenartige Eindruck noch zusätzlich betont. Das sowohl von den Seiten als auch durch das Glasshed auf dem First einströmende Tageslicht belichtet alle Geschosse taghell und stimmungsvoll, bei Nacht ermöglicht das Shed den Blick zum Sternenhimmel.

Adresse der Architekten
Schulitz + Partner
Projektarchitekten: Helmut C. Schulitz, Johannes König, Matthias Rätzel
Viewegstraße 26
D-38102 Braunschweig
Telefon: 05 31-22 07 00
Telefax: 05 31-2 20 70 32
E-Mail: spa@schulitz.de
www.schulitz.de

Baudaten
Standort: Braunschweig
Bauzeitraum: 1997–1998 (9 Monate)
Grundstücksfläche: ca. 800 m²
Wohnfläche: ca. 250 m²
Baukosten: keine Angaben

Glashaus mit zwei Gesichtern

Ein Einfamilienhaus in München

Sampo Widmann, München

Rechte Seite: Die nordseits gelegene Straßenseite präsentiert sich gleich der Südseite komplett verglast, lässt aber keine Durchblicke zu. Unten: Blick längs der Gartenfassade. Rechts die mit Aluminium-Wellplatten verschalte Ostseite.

Der Münchner Architekt Sampo Widmann schafft seit Jahrzehnten Bauten, die bei aller Unterschiedlichkeit doch eine sehr typische und spezifische Formensprache besitzen. Dies gilt nicht zuletzt für den Umgang mit unterschiedlichen Materialien und Baustoffen, die von Sampo Widmann in immer neue und spannungsvolle Zusammenhänge gesetzt werden.

Glas, Glas und Aluminium

Dieses Wohnhaus ist ein neues und wiederum äußerst gelungenes Beispiel für das architektonische Spiel mit Materialien: Das Grundthema der Fassadengestaltung war vor allem das Glas, das auf der straßenseitigen Eingangsfassade in satinierter Optik und hoch dämmend ausgeführt ist, auf der gegenüberliegenden Gartenseite dagegen auf allen drei Geschossen die Blicke und die Räume zum Garten öffnet. Die südseitige Lage erlaubt hier die bestmögliche Ausnutzung der Sonnenwärme, weshalb bei der Auswahl des Glastyps vor allem auf die Durchgängigkeit für Wärmestrahlung, aber auch auf zeitgemäße Dämmeigenschaften geachtet wurde. Somit kann die eingestrahlte Wärme auch effizient im Hausinneren gespeichert werden. Als Wärmespeicher dienen die Fußböden und Wände aus Beton. Die beiden gestalterischen Gegenparts zu den Glasfassaden stellen die westliche und die östliche Fassade dar, die mit Aluminium-Wellblechen verschalt wurden.

Die gewählte Materialkombination Glas-Aluminium bietet zunächst einen Gegensatz offen-geschlossen und setzt auch vom stofflichen Charakter der Materialien einen deutlich abgrenzenden Akzent, verbindet aber gleichzeitig die vier Seiten durch ihre farbliche Harmonie. Von der ursprünglichen Idee, die Straßenfassade im Stile Piet Mondrians mit vielen in Maßen und Farbgebung unterschiedlichen Glasscheiben zu gestalten, kam man früh ab und entschied sich für die harmonische und einheitliche Lösung à la »Ton-in-Ton«. Ein hohes, kippbares Fenster im ersten Obergeschoss setzt in der Nordfassade einen lebhaften blauen Farbakzent am Ende eines Erschließungsgangs.

Loftartiges Wohnen im Einfamilienhaus

Das Ziel der Bauherren war es von Anfang an, in lichtdurchfluteten, weiten und durch möglichst wenige Sichtbarrieren unterteilten Räumen zu wohnen. Während die Nordseite des Hauses massive Betonwände besitzt, ermöglichte das Stahltragwerk des südseitigen Trakts große Spannweiten ohne Zwischenwände und war damit optimal geeignet, um – insbesondere im Erdgeschoss – den gewünschten loftartigen Charakter zu verwirklichen. Die dazu gewählte Einrichtung ist ebenso minimalistisch wie

hochwertig und lässt den großzügigen Charakter der Räume vollendet zur Geltung kommen. Sämtliche südseitigen Aufenthaltsräume sind ganztags so gut besonnt, dass selbst an bedeckten Wintertagen zumindest keine klimabedingte schlechte Laune aufkommt. Bei Dämmerung und Dunkelheit sorgen im ganzen Haus sonderangefertigte Leuchten des Lichtkünstlers Jan Roth für außergewöhnliche Lichtwirkungen. Das Badezimmer im Obergeschoss ist als gläserne Eckbox mit teils farbigen, teils satinierten Glasscheiben ausgebildet, die bei künstlicher Beleuchtung noch an Wirkung gewinnen. Das oberste Geschoss zieht sich gegenüber den unteren Wohnebenen Privatheit suchend nach Norden zurück und erhält einen stimmungsvollen, holzgedeckten Balkon, der die Südseite des zweiten Obergeschosses abschließt.

Oben: Blick durch die Diele im Obergeschoss zum blauen Fenster in der Straßenfassade.
Oben links: Auch das nach Süden orientierte Elternschlafzimmer ist raumhoch verglast.
Rechte Seite: Der Wohn- und Essbereich im Erdgeschoss ist ganztags taghell. Eine dichte Umpflanzung wird in einiger Zeit wirksamen Sichtschutz gewähren. Im Bild unten eine von Professor Jan Roth speziell für das Haus entworfene Hängeleuchte aus farbigem Glas.

Oben: Blick vom verglasten Badezimmer zum Treppenhaus.
Links: Die stählerne Spindeltreppe zum ersten Obergeschoss ist der gläsernen Eingangsfassade zugeordnet.
Rechte Seite: Detail des Eingangsbereichs.

Adresse des Architekten
Sampo Widmann
Mittererstraße 3
D-80336 München
Telefon: 0 89-5 38 95 26
Telefax: 0 89-5 38 95 26
E-Mail: sampo-widmann@t-online.de

Baudaten
Standort: München
Bauzeitraum: 1999–2000
Grundstücksfläche: ca. 500 m²
Wohnfläche: ca. 310 m²
Baukosten: keine Angaben

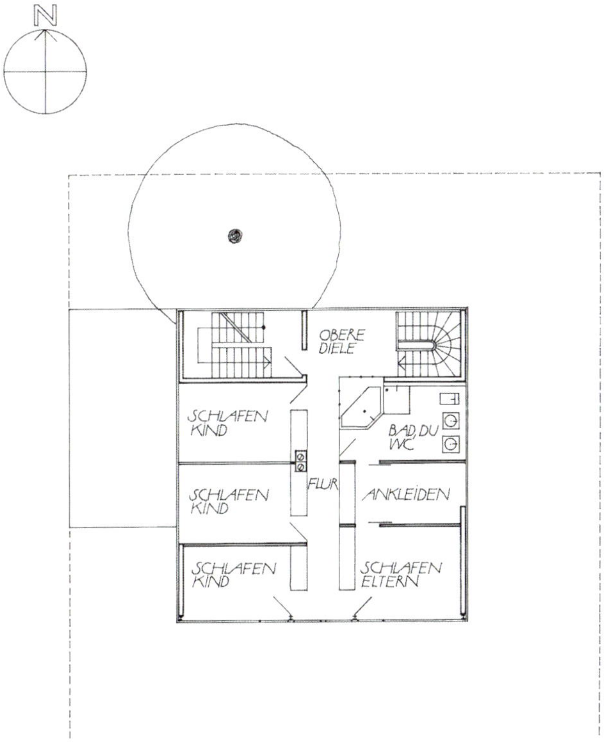

1. OBERGESCHOSS

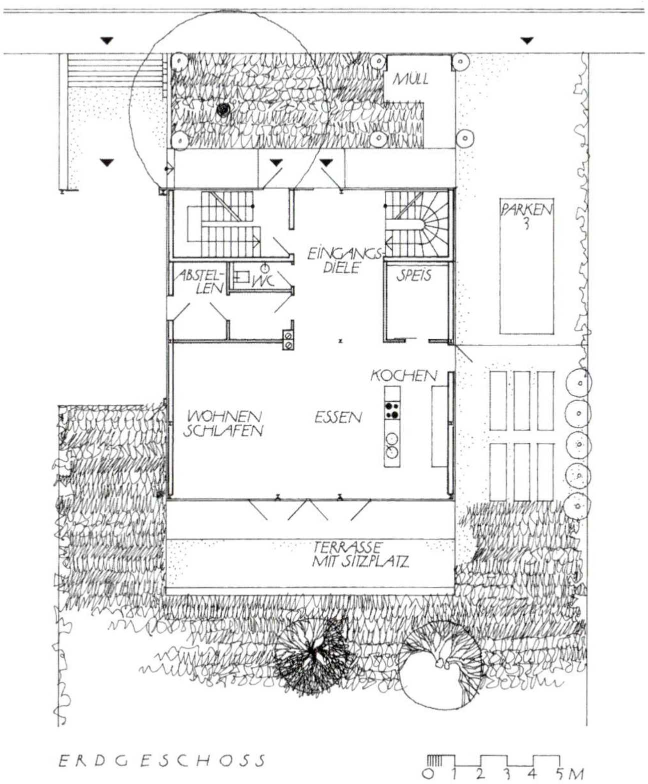

ERDGESCHOSS

Mit den vier Elementen

Ein Wintergartenanbau in Vorarlberg

heim + müller architektur gmbh, Dornbirn

Linke Seite oben: Der hoch transparente Glasanbau ist als Teil des Gartens und der Landschaft konzipiert. Vorne ein neu angelegter, naturnaher Teich.
Linke Seite unten: Transparentes Wohnerlebnis mit Wellnesscharakter: Unmittelbar außerhalb des Anbaus befindet sich der ebenfalls neu hinzugekommene Pool.

Eine von Glas geprägte Erweiterung an bestehenden Wohngebäude hat zumeist den Zweck, Qualitäten hinzuzufügen, die im Bestand vermisst werden. Der Wintergartenanbau des Vorarlberger Architekturbüros heim + müller ging diese Aufgabe ganzheitlich und rundum überzeugend an; eine in ihrer Gesamtheit verglaste Satteldachkonstruktion mit einem filigranen Tragwerk aus Stahl, das in die Aluminiumprofile integriert ist, ergänzt das bestehende Einfamilienhaus zur Gartenseite hin und macht dabei die belebenden oder beruhigenden Wirkungen der vier Elemente zu einem selbstverständlichen Teil des Architekturkonzepts.

Erde und Luft

Der neu entstandene Querbau, der den Gartenbereich zur Straße hin abgrenzt, nimmt im Erdgeschoss einen wie im Freien belichteten Sitzplatzbereich mit großem Pflanzenbeet auf. Eine kontrollierte Düngung, Bewässerung und Belüftung stellt das Gedeihen der subtropischen Vegetation sicher; mittlerweile brachten die Palmen, Ananas- und Kaffeepflanzen sogar schon die erste Ernte hervor.
Die Ausrichtung des Wintergartens nach Süden bringt einen hohen Wärmegewinn durch die passive Nutzung der Sonnenenergie; eine Innenbeschattung und eine automatische Entlüftung verhindern eine Überhitzung des Wintergartens. Eine Fotovoltaikanlage dient gleichermaßen der Beschattung wie der Unterdachung des Badestegs. Zusätzlich sorgt eine heizungsintegrierte Solaranlage mit stattlichen 50 Quadratmetern Kollektorfläche für die Neutralisierung des energetischen Mehraufwands durch die Erwärmung des Brauch- und Heizungswassers.
Das Element Erde ist weiterhin durch die Neuinterpretation des Untergeschosses symbolisiert, wo sich ein zurückgezogener Wellnessbereich mit Sauna und Fitnessraum befindet. Eine Wendeltreppe aus Stahl stellt die horizontale Verbindung des »geerdeten« Bereichs im Untergeschoss und des Erdgeschosses mit dem Luftraum her. Die Galerie im Obergeschoss erlaubt einen Überblick in den Wintergarten wie auch einen weiten, nahezu ungehinderten Ausblick in den Garten, auf die atemberaubende Bergkulisse des Rätikon und zum Himmel.

Wasser und Feuer

Der Pool im Außenbereich und das bereits vor Baubeginn vorhandene Biotop stehen im planerischen Konzept zusammen mit dem Aquarium – durch das hindurch sie vom Eintretenden wie durch einen verschwommenen Bildausschnitt hindurch wahrgenommen werden können – für das als besonders wichtig hervorgehobene Element Wasser. Gleichsam die Ver-

Linke Seite: Direkter Bergblick inklusive – von der Galerie im Obergeschoss wie auch vom Hauptwohnbereich im Erdgeschoss.

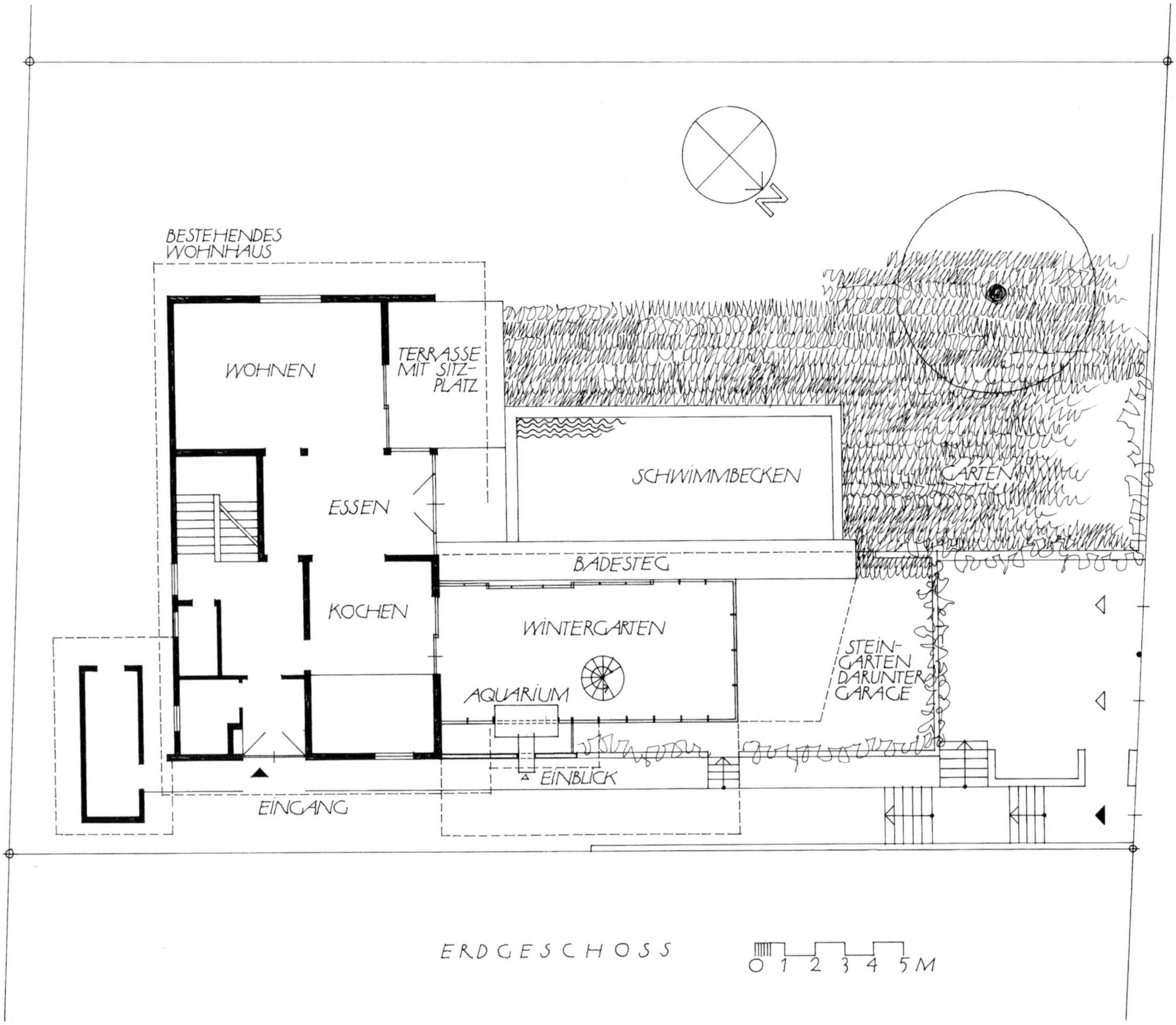

bindung zwischen Erde und Wasser markiert der so genannte Badesteg, der quasi als Grenzsaum zwischen Wintergarten und Pool eingeschoben ist. Dem Schwimmbecken zugeordnet ist ein Grillplatz, der zusammen mit zwei weiteren Feuerstellen das vierte Element vertritt. Das Innen- und Außenraum gemeinsame Belagsmaterial Teak fügt beide Bereiche zusammen.

Adresse der Architekten
heim + müller architektur gmbh
Obere Fischbachgasse 3
A-6850 Dornbirn
Telefon: +43-(0)55 72-3 33 25
Telefax: +43-(0)55 72-33 32 54
E-Mail: architektur@heim-mueller.at

Baudaten
Standort: Nüziders, Vorarlberg
Bauzeitraum: 2002 (ca. 2,5 Monate)
Grundstücksfläche: 970 m²
Wohnfläche des Wintergartens:
70 m² auf zwei Ebenen
Baukosten: ca. 320 000 Euro

Unten links: Hier sind die auf dem Vordach montierten, gleichzeitig als Beschattung wirkenden Sonnenkollektoren gut zu erkennen.
Unten rechts und rechte Seite: Blick von der Galerie durch den Glasanbau.

Ein Wintergarten zur Wohnraumaufwertung

Ein Anbau mit Glasfassade in Hessen

Archidee Drommershausen, Würtele, Böhme, Heuchelheim

Beim Umbauprojekt der Architektengemeinschaft Archidee für die Familie Tölle war die Aufgabe gestellt, aus einem hinsichtlich der äußeren Gestalt und Nutzbarkeit nicht voll überzeugenden Einfamilienhaus der 1970er Jahre ein wohnliches Gebäude mit viel Licht und einen attraktiven wie auch repräsentativen Wohn-, Koch- und Essbereich zu schaffen. Die Architekten klärten beim Umbau Erschließung, Grundriss und Raumbeziehungen und fassten die Nutzungen Wohnen, Kochen und Essen mittels eines zweigeschossigen Wintergartenanbaus sowie größerer Raumdurchbrüche zusammen.

Bis zum Dach geöffnet

Der neu angebaute Wintergarten, der sich zur Südostseite öffnet, besitzt eine vollkommen transparente Glasfassade, die mittels großer Faltschiebetüren zur Terrasse und zum tiefer gelegenen Garten geöffnet werden kann. Die Sitzecke befindet sich im Erdgeschoss des Wintergartens untergebracht, Koch- und Essbereich sind im Bereich des Altbaus, jedoch barrierefrei mit dem Anbau verbunden. Im Anbau selbst führt eine Edelstahl-Spindeltreppe zu einer Arbeits- und Sportgalerie, erschließt aber gleichzeitig auch die Räume des Obergeschosses, so das durch ein waagerechtes Lichtband stimmungsvoll beleuchtete Badezimmer.

Warme Stimmung, kühle Materialien

Durch die zwei Stockwerke hohe Glasfassade des Anbaus kann die Sonnenwärme sehr effizient genutzt werden und trägt beträchtlich zur Verminderung der Heizkosten bei. Die Verwendung von Wärmeschutzgläsern und die detailgenaue Planung und Bauausführung halten die Wärmeverluste in Grenzen. Die massiven Wände tragen zur Speicherung der eingestrahlten Wärme bei und geben diese allmählich wieder an die Raumluft ab. Die praktisch ganztags gewährleistete gleichsam taghelle Belichtung des Wintergartens macht den Glasanbau zum mit Abstand beliebtesten Aufenthaltsbereich des gesamten Hauses. Die Innenarchitektur zeigt sich demgegenüber dezidiert kühl, was durch den Bodenbelag aus poliertem Granit und das für Treppe und Brüstungen gewählte Material Edelstahl zum Ausdruck kommt.

Links: Detail des Badezimmers im Obergeschoss mit blauem Lichtband und Durchblick zur Galerie im Wintergarten.
Rechte Seite: Ansicht des Wintergartens von Süden. Die großflächig verglaste Südostfassade wirkt als Sonnenfalle, das Vordach bewahrt die Innenräume jedoch wirkungsvoll vor Überhitzung.

Links: Blick von der Galerie in das Erdgeschoss des Wintergartens.
Unten: Eine Stahlspindeltreppe führt hinauf zur Galerie, die als Arbeits- und Fitnessbereich dient. Rechts oben das neu entstandene Badezimmer.
Rechte Seite: Die Aluminium-Pfosten-Riegel-Konstruktion kann mittels großer Faltschiebetüren mit dem Außenraum verbunden werden.

Adresse der Architekten
Archidee
Drommershausen, Würtele, Böhme
Wilhelmstraße 77a
D-35452 Heuchelheim
Telefon: 06 41-9 60 55 65
Telefax: 06 41-9 60 55 64
E-Mail: info@archidee.net
www.archidee.net

Baudaten
Standort: Wettenberg-Krofdorf (bei Gießen)
Erbauungszeit: 1970er Jahre
Zeitraum der Erweiterung: 2001–2002
Grundstücksgröße: ca. 600 m²
Gesamtwohnfläche: vor der Erweiterung ca. 150 m², nach der Erweiterung ca. 220 m²
Gesamtkosten der Erweiterung: keine Angaben

Gläserner Zwischenbau im Hinterhof

Ein Wintergarten in Schleswig-Holstein

Mass Kontor/Petersen & Partner, Probsteierhagen

Rechte Seite: Der in Holzbauweise erstellte Glaskörper fügt sich zwischen dem bestehenden Wohnhaus (rechts) und dem ebenfalls vorhandenen Hinterhaus perfekt ein und bildet heute den neuen Lebensmittelpunkt der Familie.

Das Architekturbüro Mass Kontor hat sich in den letzten Jahren einen Namen in der fachgerechten Renovierung und im einfallsreichen Umbau von Altbauten gemacht. Im vorliegenden Fall war die Aufgabe, für eine Familie mit mehreren Kindern eine zugleich wohnliche wie architektonisch ansprechende Erweiterung zu planen, die den offenen Charakter im Bereich des Hinterhofs möglichst wenig beeinträchtigen sollte. Zwischen dem traufseitig an der Straße situierten Wohnhaus und dem bestehenden Spiel- und Lagerhäuslein im Rückraum des Anwesens stand genug Platz für einen Anbau in der gewünschten Größe zur Verfügung.

Lichtdurchflutetes Wohnen statt Hinterhofatmosphäre

Das ebenfalls sanierte, neoklassizistische Wohngebäude bedurfte aufgrund seiner architektonischen Wertigkeit eines ebenbürtigen Pendants mit einer ebenfalls ruhigen und klar gegliederten Fassadeneinteilung. Der ursprüngliche Wunsch der Familie Landek nach einer zeitgemäß übersetzten Lösung im historischen Wintergartenstil aus Stahl und Glas erübrigte sich nach einem ersten Kostenüberschlag bereits und führte schließlich damit zur Holzbauweise. Der Naturholzton passt ausnehmend gut zum weißen Anstrich des Hauptgebäudes sowie des Hinterhauses und verleiht dem Anbau die nötige Wärme und im Zusammenspiel mit der Innenraumgestaltung einen fast südamerikanisch anmutenden Charakter. Die gesamte Konstruktion wurde verglast, wobei im Bereich der Dachflächen zum Schutz vor Überhitzung spezialbeschichtetes ESG-Sonnenschutzglas Verwendung fand. Die Glasflächen sind mittels roter U-Profile aus Aluminium außen auf die Pfosten-Riegel-Konstruktion aufgesetzt und verschraubt, zwei Abdichtungsebenen sorgen für absolute Wasserdichtigkeit.

Behütet im Glashaus

Da das Glasdach auf das des Hinterhauses aufgesattelt wurde, wird der erwünschte Eindruck einer geschützen Hofsituation im Inneren noch deutlicher herausgearbeitet und die Fassadengestalt des Hinterhauses erhalten. Um den am Ende erzielten überzeugenden Raumeindruck nicht zu stören, verzichtete man auf die ursprünglich vorgehenene Wiederherstellung eines im Obergeschoss des Hauptgebäudes vorhandenen, marodenBalkons. Der zweigeschossige Glasanbau ist geprägt durch wertiges antikes und zeitgemäßes Mobiliar in massivem, unbehandeltem Naturholz; die hohe Eingangsfassade des Wintergartens dient als riesige Vitrine, die die Riegel der Tragwerkskonstruktion als Stellflächen für vielerlei Fundstücke, farbige Gläser und Vasen nutzt.

Oben: Detail der Eingangsfassade mit schmalen Aluminiumprofilen.
Linke Seite und unten: Die Eingangsfassade des Wintergartens in geschlossenem und in geöffnetem Zustand.

Adresse der Architekten
Mass Kontor/Petersen & Partner
Bahnhofstraße 4
D-24253 Probsteierhagen
Telefon: 0 43 48-91 01 00
Telefax: 0 43 48-91 01 02
E-Mail: mass.kontor@t-online.de

Baudaten
Standort: Nortorf, Schleswig-Holstein
Bauzeitraum: 2000–2001 (4 Monate mit jahreszeitlich bedingten Unterbrechungen)
Grundstücksfläche: 1156 m²
Wohnfläche des Wintergartens: ca. 34 m²
Baukosten: ca. 22 850 Euro

Über den Dächern der Metropole

Eine Dachgeschossaufstockung in Wien

pool Architektur ZT GmbH, Wien

Unten: Straßenansicht der neu aufgebauten gläsernen »Dachlandschaft«. Rechte Seite: Innen und Außen werden eins: Oben der Grenzbereich Drinnen-Draußen im Bereich der unteren Terrasse, unten im zweiten Geschoss.

Jeden Tag über den Dächern einer Großstadt aufzuwachen und einzuschlafen, zählt sicherlich mit zu den verbreitetsten Wohnträumen. Ein Ehepaar ließ sich diesen Sehnsuchtswunsch vom Wiener Architekturbüro pool erfüllen: Im Dachbereich zweier Mehrparteienhäuser im IV. Bezirk wurden dazu zwei Wohnungen völlig neu errichtet und gestaltet.

Wohnlandschaft aus Licht und Raum

Der neue Dachbereich wurde auf einer lastverteilenden Betonplatte über zwei Geschosse errichtet. Das untere Wohngeschoss beginnt einen Meter unterhalb der Dachschräge, das obere Geschoss ist vollständig in die Schräge eingepasst. Von dort oben bietet sich auch ein grandioser Weitblick über Wien, der vom oberen Bereich der Terrassen aus genossen werden kann. In dieser luftigen Höhe befinden sich auch Abstellräume für Liegestühle und Grill.

Freibereich und Innenraum fügen sich bei diesem Dachaufbau zu einem zusammengehörigen Ganzen, das in der räumlichen Erschlie-

Adresse der Architekten
pool Architektur ZT GmbH
Weyringergasse 36/1
A-1040 Wien
Telefon: +43-(0)1-50 38 23 10
Telefax: +43-(0)1-5 03 82 31 33
E-Mail: pool@helma.at
www.pool.helma.at

Baudaten
Standort: Wien
Bauzeitraum: 2002–2003 (12 Monate)
Wohnfläche:
Wohnung 1: 179 m² zuzüglich 80 m² Terrasse,
Wohnung 2: 109 m² zuzüglich 97 m² Terrasse
Baukosten: ca. 648 000 Euro

Oben: Geometrisch unkonventionell gestaltete Fensterflächen und skulptural anmutende Treppen verleihen den Räumen gleichsam Dynamik.
Rechte Seite: Die reizvoll unregelmäßige Formgebung der Glasflächen bildet sich bei Sonnenschein in den Räumen ab.
Unten: Blick auf die dem oberen Geschoss der Wohnungen zugeordnete Sonnenterrasse.

ßung durch skulpturale Treppenkonstruktionen konstituiert wird. Bei der größeren der beiden Wohnungen steigt die Treppe mit der Decke des Innenraums zusammen nach oben und setzt sich im Außenraum als verbindendes Element der Terrassenbereiche fort. Über einem Teilbereich des kleineren Appartements gibt die Treppe gleichsam einen Ausschnitt der Decke frei, um hier zur Terrasse hinaufzusteigen.

Zwei Geschosse in Glas

Die großflächigen Verglasungen der nach Westen orientierten traufseitigen Fassaden lassen mit ihren Silikon-Nurglasfugen Innenräume und Außenräume ineinander übergehen. Durch die Weglassung der zweiten Wohnebene im Inneren zugunsten eines großzügigen Wohncharakters erreichen die Hauptwohnräume Höhen von bis zu 5 Metern. Alle individuellen Nutzungen und untergeordneten Funktionen wurden unterhalb der Terrassen des tiefer gelegenen Geschosses untergebracht. Auch die Badezimmer sind über die westlichen Glasflächen großzügig belichtet und besitzen einen direkten Zugang zur unteren Terrasse.

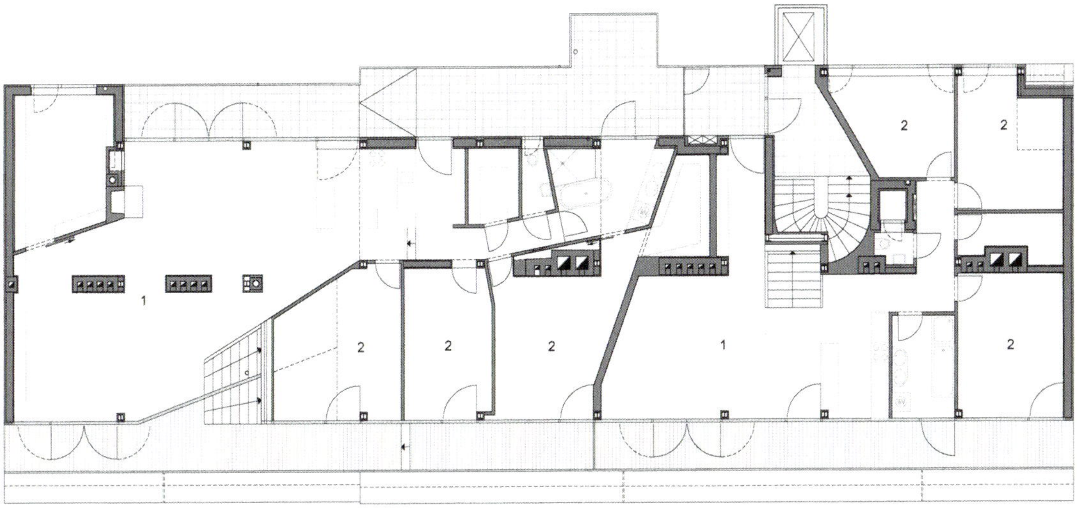

Grundriss

1 Wohnraum
2 Zimmer

0 1 2 5 10 m

Ein Wintergarten am Reiheneckhaus

Transparente Wohnraumerweiterung in München

Seeger-Ullmann
Architekten, München

Der Münchner Stadtteil Ramersdorf erfreut sich insbesondere bei jungen Familien mit Kindern immer größerer Beliebtheit; Grund hierfür sind insbesondere die schlichte, aber überzeugende Architektur und die im Vergleich für Reihenhäuser großen Gärten bei dennoch städtischer Lage. Die 1934 entstandene Siedlung geht zurück auf die Planung des Architekten Guido Harberg. Sosehr die Häuser auch heute noch durch ihren Charme und ihr grünes Umfeld überzeugen, so bescheiden stellt sich leider oft auch die zur Verfügung stehende Wohnfläche dar.

Mehr Licht und direkter Gartenanschluss

Im Beispiel der Familie Kieser standen beim Erwerb des 1934 errichteten Reiheneckhauses gerade 82 Quadratmeter Wohnfläche zur Verfügung, die dem Platzbedarf der Familie nicht genügten. Der zusätzlich benötigte Wohnraum wurde nach den Plänen der Münchner Architekten Bettina Seeger und Matthias Ullmann in einem kleinen, aber im Detail überzeugenden Wintergartenanbau geschaffen, der an der Stelle einer vorhandenen, maroden Vordachkonstruktion entstand. Zusätzlich zur Vermehrung der Wohnfläche

Adresse der Architekten

Seeger-Ullmann Architekten
Bettina Seeger und Matthias Ullmann
Heilbrunner Straße 63
D-81671 München
Telefon: 0 89-49 13 71

Baudaten

Standort: München-Ramersdorf
Erbauungszeit Altbau: 1934
Zeitraum der Erweiterung: 2003 (3 Monate)
Grundstücksgröße: ca. 600 m²
Gesamtwohnfläche: vor der Erweiterung 82 m², nach der Erweiterung 98 m²
Gesamtkosten der Erweiterung: 36000 Euro

wurde durch die großflächige Verglasung des Anbaus die Belichtung des Erdgeschosses enorm verbessert. Das untere Fassadenprofil ist bodenbündig; da kein Sturz vorhanden ist, können die Sonnenstrahlen besonders tief in das Haus gelenkt werden. Zudem kann der Wintergarten durch eine breite Glasschiebefront großzügig geöffnet werden, Haus und Garten werden im Sommer zu einem gemeinsamen Lebens- und Aufenthaltsbereich. Die rahmenlos ausgeführte Übereckverglasung betont die Durchgängigkeit zwischen Innen und Außen zusätzlich. Altbau und neuer Anbau werden mittels des gemeinsamen weißen Mineralfarbenanstrichs visuell zu einer Einheit, die deutlich unterschiedliche Fassadengestalt von Erdgeschoss und Obergeschoss führt zu einer reizvollen Zwiesprache, bei der beide Varianten ihren eigenen Stellenwert behalten.

Oben und rechts: Durch die rahmenlose Übereckverglasung des Wintergartens werden unnötige Sichtbarrieren vermieden – ein besonders bei kleinen Anbauten sehr wichtiger Kunstgriff.
Linke Seite: Blick vom neu geschaffenen Anbau in den Garten.

Mehr Großzügigkeit am Altbau

Ein Wintergarten-Anbau in München

Seeger-Ullmann Architekten, München

Wie bereits im auf Seite 78/79 beschriebenen Beispiel war dem Architekturbüro Seeger und Ullmann auch hier die Aufgabe gestellt, einem grundsätzlich intakten Wohngebäude von 1934 zu einer zeitgemäßen und großzügigeren Wohnatmosphäre zu verhelfen. Allerdings entstand in diesem Falle eine flächenmäßig deutlich größere Erweiterung, die sich über die gesamte südliche Traufseite des Einfamilienhauses erstreckt.

Denkmalschutz und behutsamer Umbau

Da das Haus unter Denkmalschutz stand, war eine behutsame Anbauplanung von besonderer Bedeutung. Der Entwurf der Architekten überzeugte auch die Denkmalpflege, sodass einer Genehmigung des Vorhabens nichts im Wege stand. Der einzige größere Eingriff war der unumgängliche Teilabriss der südlichen Außenwand, um eine optimale Durchgängigkeit zwischen Altbau und Anbau zu schaffen. Damit wurde der größte Wunsch der Bauherren, der Familie Obermaier-van Deun, nach einem großen gemeinsamen Wohn-, Koch- und Essraum mit direktem Gartenschluss erfüllt.

Holz und Glas

Da die Familie die gesamte Umbauphase hinweg im Haus wohnen blieb, war eine möglichst kurze Bauzeit von besonderer Bedeutung; insofern, aber auch aus Kostengründen entschied man sich für eine Holzbauweise. Die Holzrahmenkonstruktion mit Brettstapeldecken wurde in der Werkstatt vorgefertigt und auf der Baustelle montiert.

Der eingeschossige, voll unterkellerte Anbau vergrößerte die Gesamtwohnfläche um stattliche 43 Quadratmeter und schuf zudem auf dem Dach Platz für eine große holzgedeckte Terrasse, die direkt vom Schlafzimmer der Eltern wie auch von den Kinderzimmern aus zu erreichen ist. Der auf der Südseite fast komplett verglaste Wintergarten überzeugt zum einen durch seine sehr regelmäßige und ruhige Fassadengliederung, zum anderen durch die zugleich spannungsvolle und harmonische Kombination der Materialien. Die großenteils zu öffnenden Fensterscheiben besitzen einheitliche Maße, was auch die Herstellungskosten vermindert hat. Der dunkelrote Anstrich der Fenster wird durch die silberfarbenen Aluminiumprofile zu der allmählich angenehm vergrauenden Fassadenverschalung übergeführt.

Links: Die Übereckverglasung und die waagerechte Fassadenverschalung aus Lärchenholz in harmonischer Zwiesprache.

Rechte Seite: Praktisch die gesamte Gartenfassade ist verglast und bringt damit stimmungsvolle Helligkeit für Menschen und Pflanzen in den neu entstandenen Wohnraum.

Adresse der Architekten
Seeger-Ullmann Architekten
Bettina Seeger und Matthias Ullmann
Heilbrunner Straße 63
D-81671 München
Telefon: 0 89-49 13 71

Baudaten
Standort: München-Ramersdorf
Erbauungszeit des Hauses: 1934
Zeitraum der Erweiterung: 1999 (6 Monate)
Gesamtwohnfläche: vor der Erweiterung 82 m^2, nach der Erweiterung 125 m^2
Gesamtkosten der Erweiterung: 95 000 Euro

Blick zum See unter doppeltem Sternenhimmel

Ein Wintergartenanbau in Schleswig-Holstein

stadie + stadie
Architekten, Lübeck

Rechte Seite: Durchgangsstation zwischen Himmel und Erde: Der Sitzplatz im Obergeschoss gewährt freien Blick nach draußen, aber auch nach unten und zum – stets sternenilluminierten – Firmament.
Unten: Blick vom Erdgeschoss durch die Glas-Schiebedecke und die Dachverglasung.

Ausgangspunkt und auch das gedankliche Zentrum dieser Erweiterung war das bestmögliche Erleben des Seeblicks und die Herstellung möglichst ungehinderter Blickbeziehungen. Was bei den ersten Besprechungen der Architekten Stadie + Stadie mit den Bauherren als kleines energetisches Sanierungsvorhaben geplant war, wurde letztlich zu einer ambitionierten, zweigeschossigen Erweiterungslösung in Glas. Zusammen mit dem Anbau kam es zur energetischen Sanierung des Altbaus, was – trotz um 50 Quadratmeter größerer Wohnfläche – insgesamt zu einer enormen Verringerung des Jahresheizwärmebedarfs um mehr als 60 Prozent führte!

Blickbezüge und Durchgängigkeit

Nachdem die Entscheidung für eine Erweiterungslösung gefallen war, sahen sowohl die Architekten als auch die Bauherren die Schaffung möglichst fließender Übergänge zwischen Drinnen und Draußen als wichtigste Leitlinie an. Entsprechend dieser Vorgabe ist das im Bereich der Fassaden wie auch des Flachdachs verglaste Tragwerk aus Stahlbeton so filigran gestaltet, wie es statisch möglich war. Durch die Entscheidung für Holzbalkendecken im Erdgeschoss wurde es zudem möglich, anstelle von die Sicht behindernden Stützen Zugstangen aus Edelstahl als Deckenaufhängung zu verwenden. Sowohl vom Eingangsbereich als auch vom Wohnbereich im Erdgeschoss bietet sich ein direkter Ausblick zum See durch das gesamte Gebäude, der Garten rückt im Eindruck ganz nahe an den Innenraum heran.

Durch das Glasdach kann im Liegen der reale Sternenhimmel genossen werden, bei bewölktem Firmament treten die von den Architekten an die Glasdecke projizierten, künstlich illuminierten Sternbilder an dessen Stelle. Der nur von einer Galerie »unterbrochene«, zwei Geschosse hohe Raum lässt den Blicken wie auch den Gedanken Platz zum Schweifen. Die Galerie fungiert als Ruhe- und Aussichtsplatz sowie als Übergang zum holzgedeckten Balkon, der unter die Tragwerkskonstruktion eingezogen ist. Parallel zum Ufer verlaufend symbolisiert der Balkon gleichsam einen Spaziergang am See. Der Dachüberstand schützt den Balkon effizient vor Witterungseinflüssen, den Innenraum vor übermäßiger Sonneneinstrahlung.

Zwiegespräche und Effekte in Licht, Form und Farbe

Ein Grund für die gewählte Fassadengestaltung war, dass so Tragwerk und Glasflächen visuell klar voneinander abgegrenzt werden. Die grünliche Bekleidung der Betonteile aus vorpatinierten Kupfertafeln ergibt zusammen mit den

Oben: Ansicht der Erweiterung mit dem Anschluss am ebenfalls umgestalteten Altbau. Im Vordergrund das beleuchtete Schwimmbecken. Rechte Seite: Durchgängigkeit zwischen Drinnen und Draußen sowie Leben mit der Natur und den Jahreszeiten sind wichtige Merkmale der Architektur.

Glasflächen und dem Himmel ungewöhnliche Farbeffekte und Farbstimmungen. Ein um den Anbau angelegter winkelförmiger Pool mit eigener Unterwasserbeleuchtung fasst den Wintergarten und wird selbst Teil der kunstvollen Lichtinszenierung. Im Innenraum bringt eine mit warmen Farben hinterleuchtete Onyxwand eine warme Stimmung ins Erdgeschoss. Höhepunkt im Inneren ist vielleicht die Glas-Schiebedecke über dem Erdgeschoss, die wahlweise entweder zur Verringerung der Luftzirkulation geschlossen oder geöffnet und unter die Galerie gefahren werden kann, wo die Deckenleuchten durch die sandgestrahlten Teile der Glasdecke diffus hindurchscheinen.

Adresse der Architekten

stadie + stadie Architekten
Fegefeuer 1
D-23552 Lübeck
Telefon: 04 51-7 07 26 82
Telefax: 04 51-7 07 26 83
E-Mail: post@stadie-architekten.de
www.stadie-architekten.de

Baudaten

Standort: Bad Segeberg, Schleswig-Holstein
Bauzeitraum: 2002–2003 (12 Monate)
Grundstücksfläche: ca. 1680 m²
Wohnfläche gesamt: 190 m² vor Erweiterung, 240 m² nach Erweiterung
Baukosten: keine Angaben
Förderung: KfW-Darlehen aus dem CO_2-Gebäudesanierungsprogramm; Förderung einer Energieberatung vor Ort durch das Bundesamt für Wirtschaft und Ausfuhrkontrolle (BAFA)

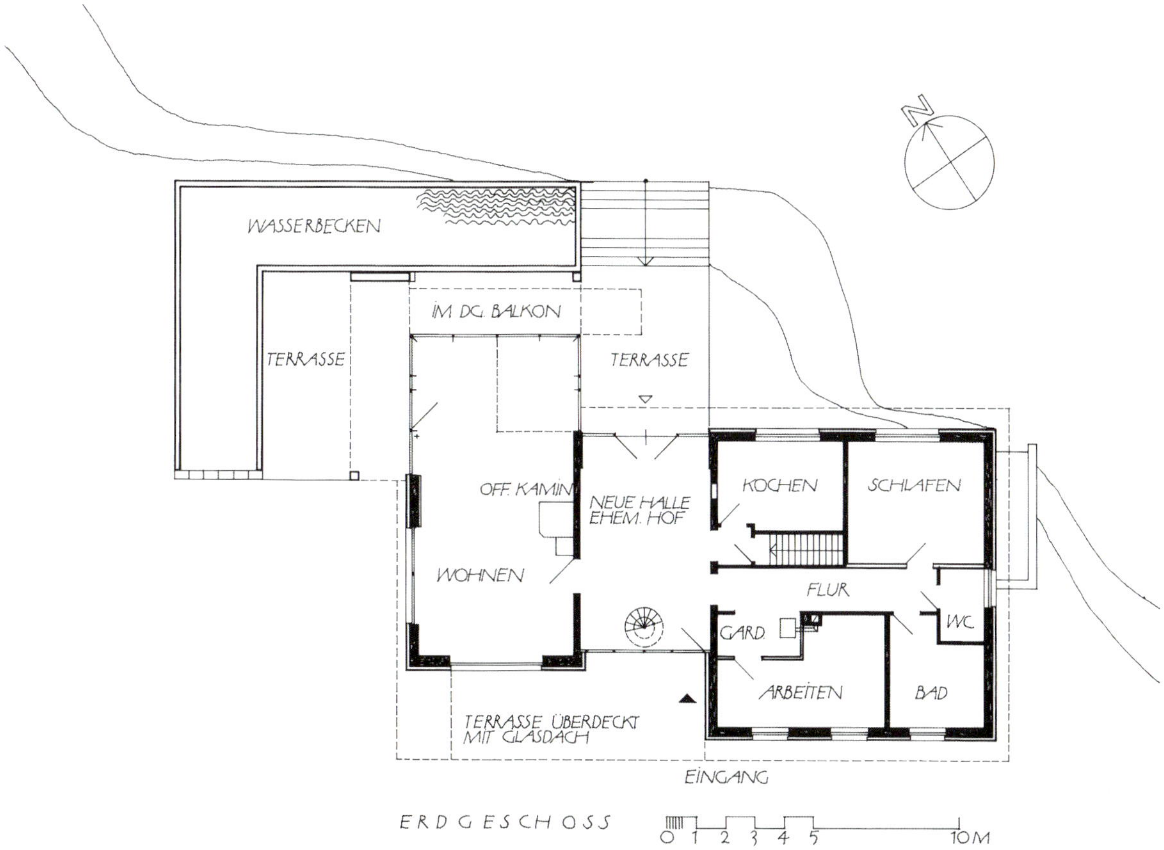
WASSERBECKEN
IM DG BALKON
TERRASSE
TERRASSE
OFF. KAMIN
NEUE HALLE
EHEM. HOF
KÜCHEN
SCHLAFEN
WOHNEN
FLUR
GARD
WC
ARBEITEN
BAD
TERRASSE ÜBERDECKT
MIT GLASDACH
EINGANG
ERDGESCHOSS
0 1 2 3 4 5 10M

Unter Bäumen

Ein Wintergarten als Büro- und Wohnraumerweiterung

Sebastian Geiger, Pleß

Rechte Seite: Südansicht des Wintergartens mit dem Bürotrakt.
Unten: Ansicht des an die frühere Sennerei angefügten Wintergartens, vom Talraum der Iller aus gesehen. Im Sommer spenden die großen Laubbäume willkommenen Schatten.

Eine unmittelbar am Hangabfall zum Fluss Iller gelegene ehemalige Sennerei war von Architekt Sebastian Geiger zum Wohn- und Bürohaus für sich und seine Familie umgebaut worden. Westlich und südlich war und ist das Grundstück durch einen dichten Bestand an Laubbäumen geprägt, eine Entfernung kam für die Familie Geiger nicht in Frage. Da die Bäume zumindest während der Vegetationsperiode allerdings viel Schatten werfen, galt es, eine sinnvolle anderweitige Lösung zur Aufwertung der Wohnatmosphäre zu finden.

Zwei Wintergärten, eine bauliche Einheit

In einem ersten Schritt entstand im südlichen Abschnitt der nach Westen orientierten Traufseite ein zweigeschossiger Wintergarten in Holz-Glas-Konstruktion. Das komplett verglaste Pultdach des Anbaus setzt etwas unterhalb der Traufe des Altbaus an, nimmt aber desen Neigung auf und stellt somit gestalterische Einheitlichkeit zwischen Bestand und Erweiterung her. Der einige Jahre später verwirklichte zweite Bauabschnitt war im Grunde die ostwärts anschließende Fortsetzung der ersten Erweiterung mit anderen konstruktiven Mitteln: An die Stelle der mit Aluminiumprofilen versehenen Leimholzkonstruktion trat nun ein Tragwerk aus verzinktem Stahl. Während der ältere Bauteil die südlich gelegene Wohnung fortsetzt, ist der neue Wintergartenabschnitt dem Büro des Altbaus zugeordnet.

Energiespeicher, Klimapuffer und Wohnerlebnis

Beide Glaskörper sind funktional sowohl als Treppenhäuser und Erschließungsräume als auch als Klimapuffer und Energiespeicher konzipiert. Die im Wintergarten erwärmte Luft steigt nach oben und kann dort bei hohen Temperaturen durch Lüftungsklappen nach draußen abgeführt werden. An kalten Tagen werden die Klappen geschlossen, die Wärme verbleibt somit im Haus. Ferner bringen die Wintergärten viel Helligkeit in die Wohn- und Arbeitsräume und stellen einen direkten Bezug zu den umstehenden Bäumen her. Im Winter filtern die Baumkronen das Licht, lassen aber die willkommene Wärme nach drinnen, im Sommer wirkt ihr Blätterkleid als Sonnen- und Überhitzungsschutz. Neben all diesen funktional sinnvollen Auswirkungen entstanden mit diesem Wintergartenprojekt aber vor allem sehr angenehme Lebens-, Wohn- und Arbeitsbereiche in direktem Kontakt zur Natur, die den Wechsel der Jahreszeiten hautnah miterleben lassen. Der weite Ausblick auf die unverbaute Tallandschaft tut ein Übriges, um ein Wohnerlebnis der wunderbar natürlichen und gleichzeitig außergewöhnlichen Art zu schaffen.

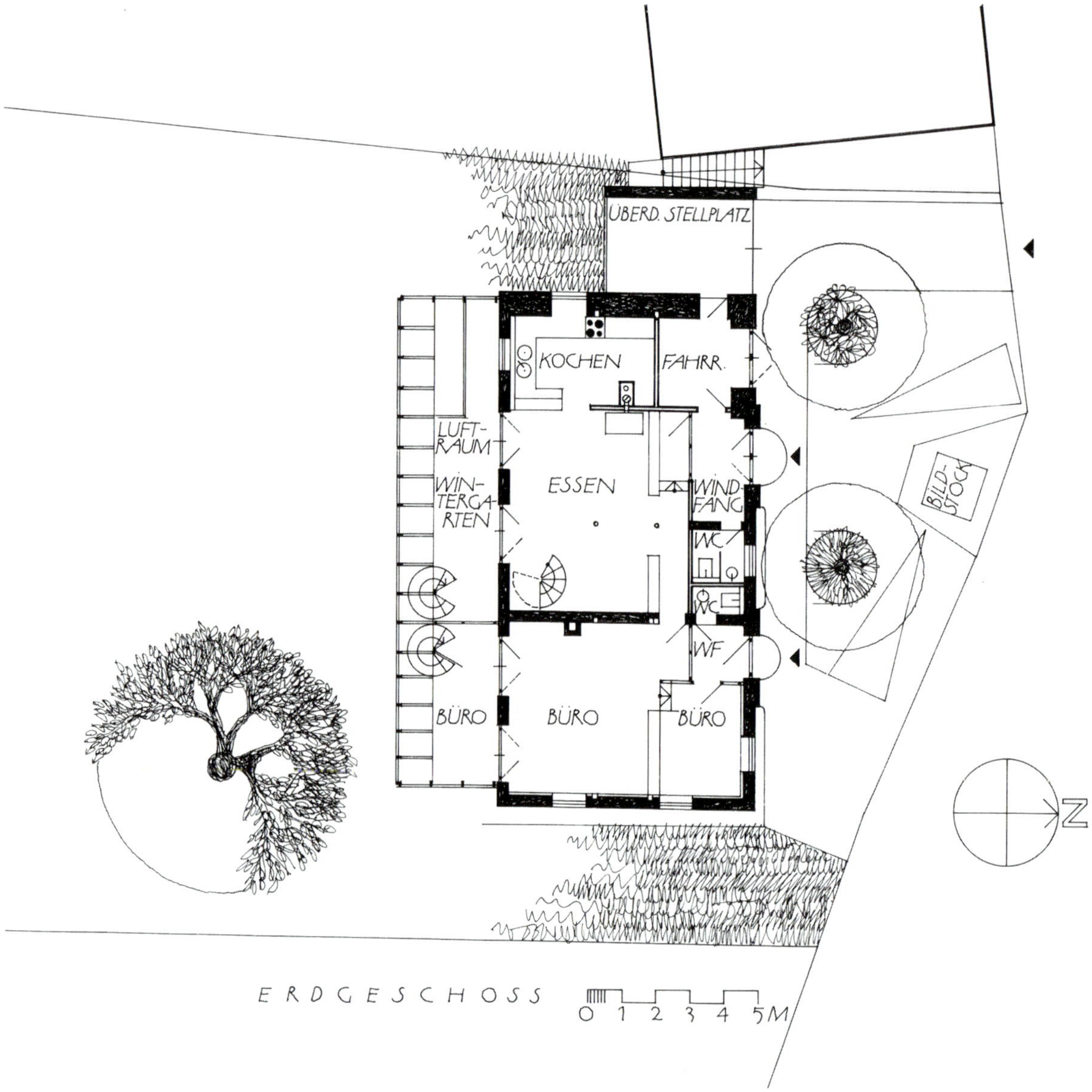

Links: Blick zum Untergeschoss.
Rechte Seite oben: Das obere Geschoss des Wintergartens bildet die westliche Fortsetzung des Erdgeschosses. Durch die komplette Verglasung von Fassaden- und Dachbereich entstand trotz der nahe stehenden Bäume ein taghell, sehr idyllischer Sitzplatz.
Rechte Seite unten: Im unteren Geschoss des Wohn-Wintergartens. Hinten die stählerne Spindeltreppe zum Erdgeschoss.

Adresse des Architekten
Sebastian Geiger
Memminger Straße 2
D-87773 Pleß
Telefon: 0 83 35-98 66 66
Telefax: 0 83 35-98 66 67
E-Mail: architekt.geiger-pless@t-online.de

Baudaten
Standort: Pleß, Bayerisch-Schwaben
Bauzeitraum: erster Bauabschnitt 1990, zweiter Bauabschnitt 1999
Grundstücksfläche: ca. 700 m²
Wohnfläche gesamt: ca. 165 m² vor Erweiterung, ca. 220 m² nach Erweiterung
Baukosten: keine Angaben

Glasfassade und gläserner Dachaufbau

Umbau und Neubau in Berlin

Gunther Hastrich und Wolfgang Keuthage, Berlin

Rechte Seite oben: Die neu entstandenen Dachaufbauten.
Rechte Seite unten: Großzügige Raumgrundrisse ohne Barrieren und viele Glasflächen schaffen Loft-Atmosphäre.
Unten: Straßenansicht des Neubautrakts. Die verschiebbaren, mattierten Glaselemente bringen zusätzliche Spannung in die Fassadengestaltung.

Das Glasbauprojekt der Architekten Gunther Hastrich und Wolfgang Keuthage in Berlin-Mitte bereichert die Architekturlandschaft der Hauptstadt um einige ungewöhnliche und gestalterisch bemerkenswerte Nuancen. Bauaufgabe war zum einen der komplette Neubau eines Mehrparteienhauses, zum anderen der Umbau eines bestehenden Gebäudes.

Die Glasfassade aus Einzelelementen

Während Glasfassaden von größeren Gebäuden in der Regel als vorgehängte Fassaden ausgeführt werden und einen entsprechend hohen Preis haben, suchten die Architekten für ihr Neubauprojekt nach einer gestalterisch ebenso

überzeugenden und gleichzeitig deutlich preisgünstigeren Lösung. Der »Trick« bestand darin, die einzelnen Elemente als konventionelle Holzfensterkonstruktionen in Abmessungen von bis zu 4 Meter Breite und 3 Meter Höhe anfertigen zu lassen, die dann so gekoppelt wurden, dass der Eindruck einer durchgehenden Glasfront entsteht. Die gesamte Fassade konnte daher vom Schreiner gefertigt werden, konstruktiv aufwändige und kostspielige Lösungen erübrigten sich dadurch von vornherein.

Die Deckenstirnseiten sind mit 10 Millimeter starken Stahlblechen verkleidet, die im Eindruck eine ausgeprägte vertikale Gliederung der Fassade erzielen, einen spannenden Materialkontrast mit der Holzfensterkonstruktion herstellen und gleichzeitig sehr schön mit den außen vorgesetzten Glaspaneelen harmonieren. Aus Verbundsicherheitsglas mit Mattfolie bestehend, schützen diese Glasschiebeelemente vor unerwünschten Einblicken und zu starker Sonneneinstrahlung, tragen aber auch zur Rhythmisierung der Fassade bei.

Loft-Wohnen in lichtdurchfluteten Räumen

Durch die großen Glasfronten und die damit einhergehende reichliche Belichtung der Innenräume sowie die großzügige, weitgehend barrierefreie Planung des Grundrisses entstanden Wohnungen mit ausgeprägtem Loft-Charakter.

Oben und unten: Neben großen Fensterflächen prägen verschiebbare, voll verglaste Raumteiler den Raumeindruck.
Rechte Seite oben: Die neu errichteten Dachlofts sind großflächig verglast.
Rechte Seite unten: Die Stahlblechverkleidungen der Deckenstirnseiten akzentuieren die Wohnebenen.

Da je Wohnung zwei Stränge für die Sanitärinstallation vorgesehen wurden, wurde eine besonders variable Gestaltung der Grundrisse möglich. Je Etage sind zwei Einheiten mit 80 und 114 Quadratmeter Wohnfläche untergebracht, von den Dachgeschossen führen Treppen zu den zugeordneten Terrassen.

Neuer Dachaufbau in Glas

Beim benachbarten Renovierungsvorhaben hatte sich die Planung an der Sanierung des Bestands zu orientieren, der mit einem Neuaufbau des Dachstuhls gekoppelt war. Die Grundrisse wurden neu geordnet, Balkone ergänzt. Das Dachgeschoss ist als Staffelgeschoss völlig neu errichtet worden. Die in Holzkonstruktion erstellten Fassaden wurden zum Hof beziehungsweise zur Terrasse hin komplett verglast. Großzügige Aufenthaltsbereiche im Freien komplettieren das luftige Wohnerlebnis über den Dächern von Berlin.

Adresse der Architekten

Gunther Hastrich (Entwurf) und Wolfgang Keuthage (Entwurf und Ausführungsplanung)

Gunther Hastrich
Oranienburger Straße 17
D-10178 Berlin
Telefon: 0 30-27 59 66 00
Telefax: 0 30-27 59 66 01
E-Mail: hastrich@hastrich-architekten.de
www.hastrich-architekten.de

WKA Wolfgang Keuthage Architekten
Köpenicker Str. 48/49 d
D-10179 Berlin
Telefon: 0 30-20 45 06 91
Telefax: 0 30-20 45 06 72
E-Mail: mail@keuthage-architekten.de

Baudaten

Standort: Berlin-Mitte
Bauzeitraum: 2002–2003 (12 Monate)
Grundstücksfläche: 559 m²
Wohnfläche: Neubau 1072 m², Sanierung und Dachaufbau 130 m²
Baukosten: Neubau 1 690 000 Euro, Sanierung und Dachaufbau 710 000 Euro

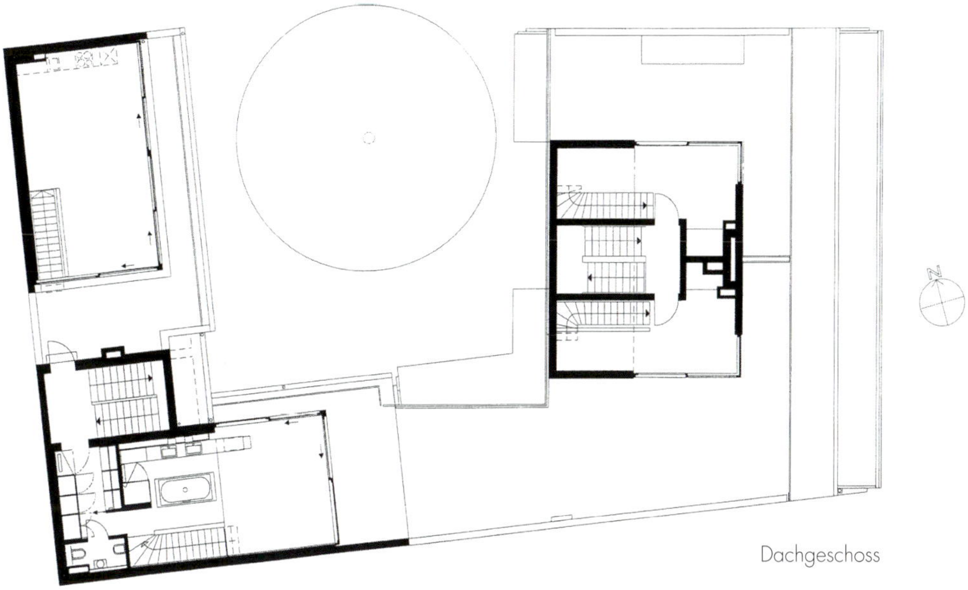

Dachgeschoss

Aufgefrischtes Gesicht mit neuem Überbau

Wohnhausrenovierung mit Dachgeschossaufbau in Berlin

Gunther Hastrich und Kaya Schlagintweit, Berlin

Ein denkmalgeschützes, vier Wohnebenen umfassendes Wohnhaus in der viel frequentierten Oranienburger Straße war zu sanieren und um ein ausgebautes Dachgeschoss mit hohem Wohnwert zu erweitern. Die gründerzeitliche Fassade mit ihren zwei straßenseitigen Erkern wurde im Grunde nur saniert, die Balkone wurden auf Höhe der Fensterachsen durch mattierte und hinterleuchtete Glasscheiben akzentuiert.

Dachlofts mit Ausblick

Aus baurechtlichen und denkmalpflegerischen Gründen mussten die Dachneigung und die Dachform beim Umbau beibehalten werden, Dachschrägen, Grate und Kehlen waren im Entwurf zu berücksichtigen. Der Dachstuhl selbst entstand als stützenfreie Stahlkonstruktion neu, was eine weitgehend freie Gestaltung des Grundrisses ermöglichte. Da die Traufhöhe des Gebäudes auf einer Höhe von 1,70 Meter über dem Bodenniveau der Dachgeschossebene liegt, sahen die Architekten den Einbau eines Podests mit vier Stufen vor, das den neuen, großen Fensterflächen zugeordnet ist. Vom Podest aus bietet sich nun zum einen ein wundervoller Blick auf den Monbijoupark und auf die Museumsinsel, zum anderen entstand damit zusätzlicher, dringend benötigter Stauraum mit Tür- und Schubladenelementen. Die großen Raumhöhen erlauben es, vom Podest aus über eine filigrane Stahltreppe in das darüber liegende Wohngeschoss mit dem Gästezimmer unter dem Dachfirst zu gelangen. Eine zwischengeschaltete, in den Raum auskragende Galerie fungiert als Raumskulptur.

Glas im Innenraum

Das einfallende Sonnenlicht verteilt sich durch den offenen Grundriss und wegen der transparenten Gestaltung der Innenarchitektur best-

Oben und unten und linke Seite: Die Fassaden blieben bei der Sanierung weitgehend unverändert, erhielten durch die hinterleuchteten Glasscheiben aber eine spannungsvolle Note.

möglich in den Räumen. Die in unmittelbarer Nähe der Fenster situierte Stahltreppe tritt durch ihre filigrane Konstruktion und den Verzicht auf Setzstufen kaum in Erscheinung. Glasschiebelemente und Glastrennwände schaffen Durchgängigkeit, bieten spannende Durchblicke und sowohl bei Tag als auch bei Nacht interessante Lichtwirkungen. Die Kirschholzrahmen der Schiebeelemente und Trennwände fügen dem innenarchitektonischen Konzept ebenso wie die geölten Eichenböden eine wohltuend natürliche Note hinzu.

Adresse der Architekten
Entwurf und Ausführungsplanung:
Gunther Hastrich und Kaya Schlagintweit
Mitarbeit: Juraj Koneval

Gunther Hastrich
Oranienburger Straße 17
D-10178 Berlin
Telefon: 0 30-27 59 66 00
Telefax: 0 30-27 59 66 01
E-Mail: hastrich@hastrich-architekten.de
www.hastrich-architekten.de

Kaya Schlagintweit
Lenbachstraße 1
82319 Starnberg

Baudaten
Standort: Berlin-Mitte
Bauzeitraum: 1999–2000 (12 Monate)
Grundstücksfläche: 1264 m²
Wohnfläche: gesamt: 3118 m², Dachloft 151 m²
Baukosten: 4 500 000 Euro

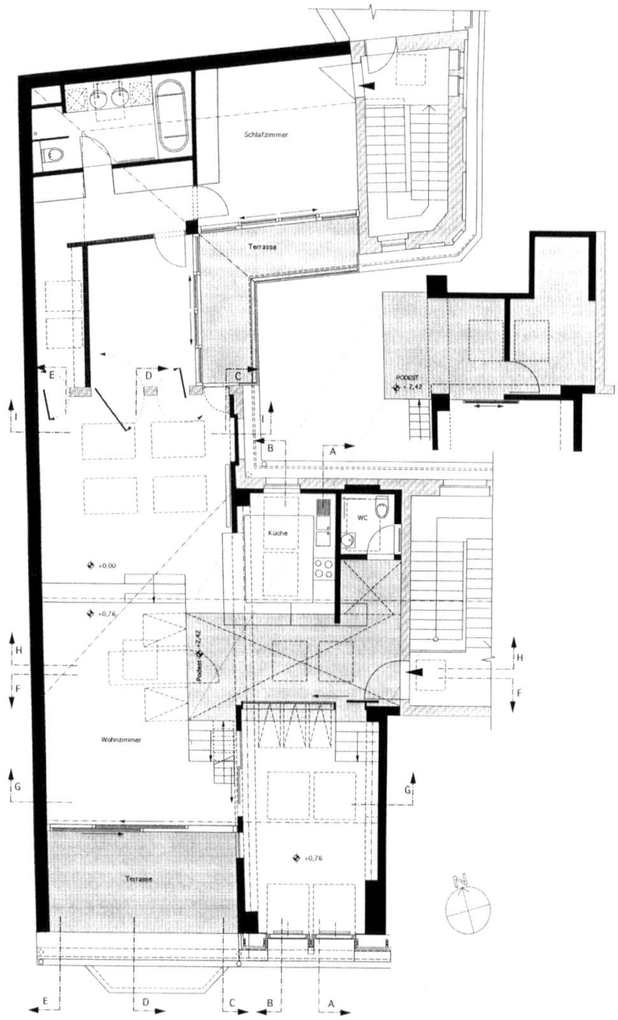

Dachgeschoss

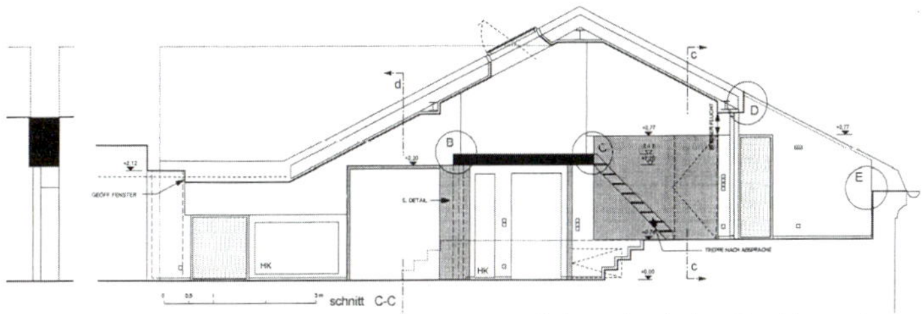

Schnitt durch den Dachbereich

Oben und rechts: Beträchtliche Raumhöhen, filigran gestaltete Einbauten und große Glasflächen konstituieren in Verbindung mit einem durchdachten Belichtungs- und Beleuchtungskonzept eine außergewöhnliche neue Wohnlandschaft unter dem Dach.

Wintergarten im Fachwerkrahmen

Eine sanierte Dorfkate im Herzogtum Lauenburg

BAUWERK Architekten und Ingenieure, Niendorf

Eine der anspruchsvollsten Aufgaben in der Altbausanierung ist es, die wünschenswerte Sicherung und Sanierung des historischen Bestandes mit einer zeitgemäßen Belichtung der Wohnräume und einem großzügigen Raumgefühl in Einklang zu bringen. Die Schwierigkeit dieses Unternehmens ist am Beispiel vieler renovierter Häuser deutlich zu erkennen, die nicht zuletzt durch völlig unpassende neue Fenster- und Belichtungsöffnungen ihr Gesicht verloren haben. Ganz im Gegensatz dazu steht die architektonisch sehr ungewöhnliche, in ihrer Qualität absolut beispielhafte Sanierung der alten Fachwerkkate im Süden Schleswig-Holsteins. Hier führte die Zusammenarbeit engagierter Bauherren mit einem sanierungserfahrenen Architekten und einer Innenarchitektin zu einem sowohl denkmalpflegerisch gelungenen als auch architektonisch mutigen Ergebnis.

Eine Ruine

Ursprünglich wohl bereits im 18. Jahrhundert erbaut, sah die kleine Sackdielenkate um 1820 eine Umbaumaßnahme, bei der die konstruktive Einbindung der Dachgeschossbalken verändert wurde. Der Rähm auf der Südseite weist ein noch deutlich höheres Alter auf, das jedoch keine absolut zuverlässigen Rückschlüsse auf das Erbauungsjahr zulässt. Um 1930 als Altenteilerkate genutzt, wohnte in dem Häuschen in den 1950er Jahren eine Familie mit 20 Kindern. Die höchst unterschiedlichen und vielfältigen Nutzungen führten zu einer großen Zahl von Einbauten und Veränderungen, Renovierungsmaßnahmen erfolgten meist nur in Form meist unsachgemäßer Reparaturen. Nach einem anschließenden langjährigen Leerstand stellte sich die Kate beim Erwerb durch ihre heutigen Eigentümer im Jahr 2001 als baulich höchst disparater »Patchworkteppich« dar, der wegen der feuchtigkeitsgeschädigten und abgesackten nördlichen Außenwand zudem akut einsturzgefährdet war. Vorhandene Fugen und Ritzen waren mit Bauschaum zugespritzt, das Reetdach stellenweise durch Faserzementplatten und Wellpappe ersetzt.

Behutsame Erneuerung und zeitgemäße Belichtung

Der wohl in den 1930er Jahren abgerissene originale Ostgiebel konnte in Abstimmung mit den sich ebenso engagiert wie verständnisvoll einbringenden Vertretern der Denkmalpflege anhand einer historischen Fotografie rekonstruiert werden. Die Fensteröffnungen orientieren sich dabei am alten Vorbild. Die Bewahrung des historischen Charakters war das erklärte Ziel der Bauherren und ihres sanierungserfahre-

nen Architekten, Jan Ihns; die »arme« Vergangenheit sollte nicht durch übertriebenen Pomp in Innenarchitektur und Ausstattung verschüttet werden. Eine Fußbodenheizung ermöglicht den Verzicht auf Heizkörper. Der heutige Hauptaufenthaltsbereich im Erdgeschoss – der vormals einzige Wohnraum der Kate – konnte durch die Wegnahme einer in jüngerer Zeit eingefügten Küche und eines kleinen Bads ostwärts erweitert werden, wodurch sich ein beeindruckender Raumeindruck ergab. Gleichzeitig entstand auch die Möglichkeit, in die Südseite einen zwei Geschosse hohen, wintergartenartigen Glaskörper zu integrieren. Der dahinter stehende Gedanke war, dass damit die Belichtung des gesamten, vormals sehr dunklen Gebäudes auf beiden Ebenen enorm verbessert werden und gleichzeitig alle übrigen Teile der äußeren Hülle ihre alte Gestalt behalten oder wieder gewinnen könnten. Dieses Konzept des Architekten überzeugte letztlich auch die Vertreter der Denkmalpflege, die sich damit durchaus sehr weit auf neues Terrain vorwagten.

Sanierung und Restaurierung

Entfernt wurden bei der Generalsanierung im Grunde nur unsachgemäße spätere Ergänzungen und Einbauten sowie nicht mehr sanierungsfähige Innenwände. Trotz der teils starken Schädigungen an den Außenwänden konnte

Oben: Der südseits eingebaute, komplett verglaste Wintergarten fügt sich perfekt in die Dach- wie auch die Fassadengestalt ein, verbessert die Belichtung im Inneren erheblich und sorgt für enorme Wärmegewinne durch die passive Nutzung der Sonnenenergie.

Oben: Blick zum Wintergarten im Erdgeschoss.
Rechts: Glas als dominierendes Architekturelement: Der Esstisch trägt eine gläserne Platte, vor den Innenwänden befinden sich verglaste Vitrinen, die Glasflächen des Wintergartens erhellen den gesamten Wohnbereich im Erdgeschoss.

der noch originale westliche Teil der Nordfassade bewahrt werden. Die intakten Teile der eichenen Holzkonstruktion wurden wieder verwendet, durch Feuchtigkeitseinwirkung geschädigte Partien ebenfalls in Eichenholz ersetzt. Das Bauholz aus dem nahen Wald wurde nach althergebrachter Sitte im Winter eingeschlagen und im Frühjahr darauf verbaut, zugesägt wurde direkt auf der Baustelle – je nach dem aktuellen Bedarf der Zimmerleute. Die Fußschwellen waren allesamt zu ersetzen, ebenso die im Lauf der Zeit unsachgemäß erneuerten oder durchfeuchteten Fundamentierungen aus Wackersteinen. Die Ausfachungen der Außenwände bestehen aus großenteils alten, handgestrichenen Feldbrandziegeln. Im Inneren waren damals wie heute ungebrannte Lehmziegel das Material der Wahl, da Lehm sich besonders positiv auf die Luftfeuchtigkeit und auf das Wohnklima auswirkt. Sämtliche Innenwände sind mit reiner Kalkfarbe gestrichen. Die Erneuerung des Daches kam hier erst ganz zuletzt an die Reihe; ein versierter Reetdachdecker aus Lübeck verstand es, gerade die schwierigen Anschlüsse zwischen Reet und Glasscheiben fachgerecht herzustellen.

Alte Balken hinter Glas

Glas prägt diese außergewöhnliche Sanierung nicht nur durch die äußere Wirkung des Wintergartens und die positiven Auswirkungen auf die Lichtverhältnisse im Inneren, sondern auch hinsichtlich der Innenarchitektur.
Gläserne Geländerfüllungen ermöglichen vielfältige Durchblicke, vor die Wände geblendete Glasscheiben im Erdgeschoss fungieren als Ausstellungsvitrinen für Fundstücke der Sanierungsphase und lassen die Fachwerkwand auch in einer neuen Perspektive wahrnehmen. Sogar die Platte des Esstisches fügt sich in das allumfassende Konzept der Transparenz ein. Im oberen Geschoss stellt ein breiter Glasschlitz den direkten Blickkontakt zwischen Kinderzimmer und Erdgeschoss her.

Oben: Gläserne Brüstungen ermöglichen auch vom Obergeschoss aus eine ungehinderte Sicht in die Landschaft.
Rechts: Über verglaste Innenwände erhält das Kinderzimmer viel natürliches Licht, das durch die großen südseitigen Glasflächen eingestrahlt wird.

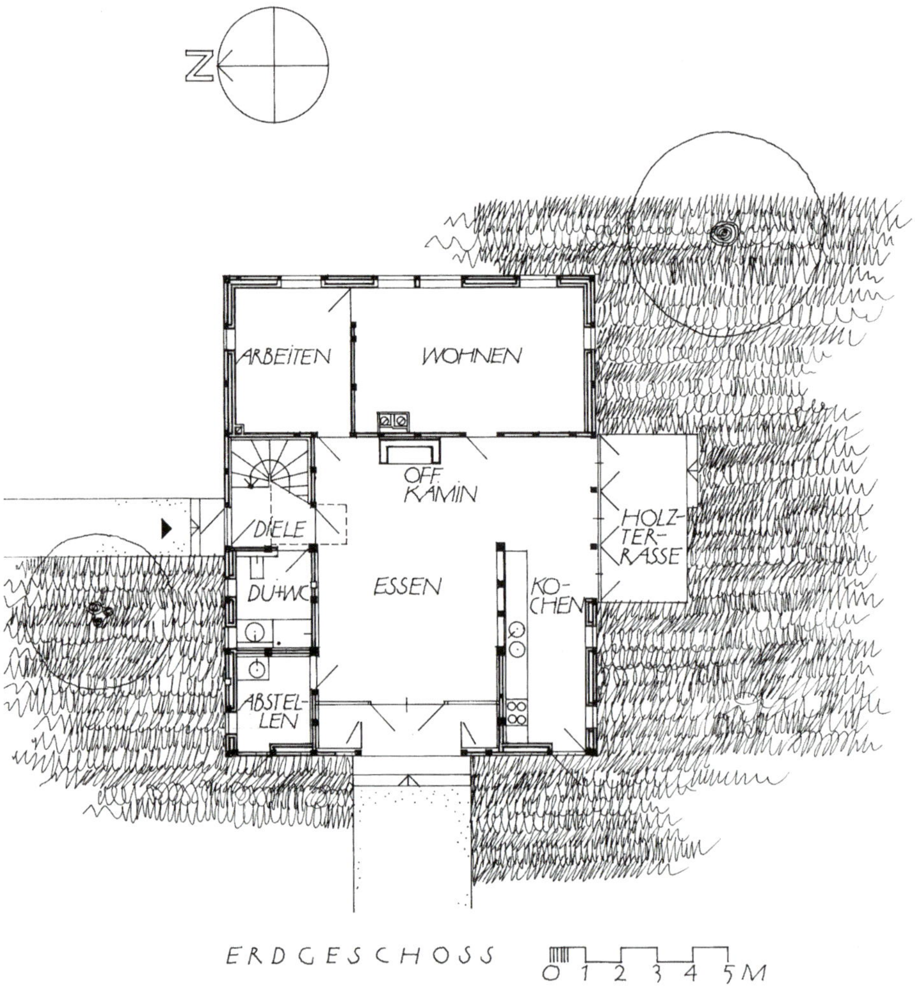

Links: Ansicht der Südfassade von Südwesten. Holzkonstruktion, Backsteinmauerwerk, Reet und neue Glasflächen wirken harmonisch zusammen.

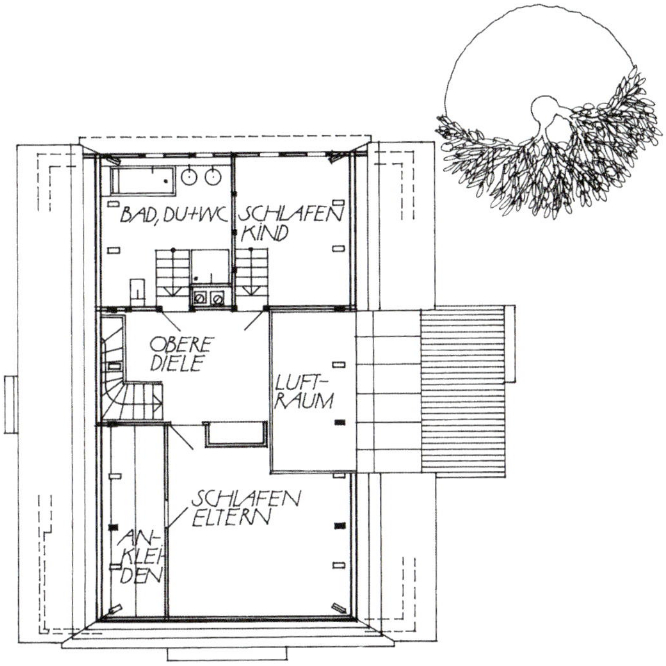

OBERGESCHOSS

Oben: Der Wintergarten erzeugt in den Innenräumen wunderschöne Licht-und-Schatten-Spiele.
Unten: Wellness vor Fachwerk: Die aus satiniertem Glas hergestellte, sonderangefertigte Duschkabine im Bad des Obergeschosses.

Adresse des Architekten
BAUWERK Architekten und Ingenieure
Jan Ihns
Borggraben 2
D-23919 Niendorf
Telefon: 0 45 44-80 87 54
Telefax: 0 45 44-80 87 56
E-Mail: jan.ihns@t-online.de
www.ihns.de

Adresse der Innenarchitektin
Charlotte Jakobsen-Szöts
Mühlenweg 23
D-23881 Niendorf, Schleswig-Holstein
Telefon: 0 41 46-81 14 81
Mobil: 01 71-5 77 69 24

Baudaten
Standort: Herzogtum Lauenburg, Schleswig-Holstein
Sanierungs- und Umbauzeitraum:
2002–2003 (10 Monate)
Grundstücksfläche: ca. 3 000 m²
Wohnfläche nach der Sanierung: ca. 150 m²
Sanierungs- und Umbaukosten gesamt:
ca. 300 000 Euro

Die Glas-Scheune

Ein Umbau in der Steiermark

Max Stoisser, Leibnitz

Rechte Seite: Die Giebelseiten der ganz von Natur umgebenen ehemaligen Scheune sind großflächig verglast, der alte Walnussbaum akzentuiert die transparente Architektur wie eine Skulptur.

Der Architekt Max Stoisser fand vor einigen Jahren zusammen mit seiner Familie einen ebenso abgeschiedenen wie idyllischen Platz zum Leben und Arbeiten in freier Natur. Das weitläufige, am Hang gelegene Grundstück im Naturpark Südsteirisches Weinland bot mit seinem weiten Blick und seiner von Siedlungen weit entfernten Lage beste Voraussetzungen für ein von Glas geprägtes Umbauvorhaben.

Neues Paradies inmitten von Obstwiesen und Weingärten

Das ausgewählte Grundstück befindet sich am Kogelberg, einem der Hausberge des Leibnitzer Feldes, und bietet einen traumhaften Ausblick auf das nahe Sulmtal sowie bis nach Slowenien. Zwei der drei auf dem Gelände vorgefundenen Gebäude eigneten sich grundsätzlich für die Sanierung und den Umbau zum Wohnen; das eigentliche bäuerliche Wohnhaus befand sich allerdings in einem sehr schlechten baulichen Zustand mit entsprechend hohem Bau- und Finanzaufwand, auch ein Wasseranschluss war nicht vorhanden. Das etwas vom Wohnhaus abgerückte Stall- und Scheunengebäude war zwar etwas tiefer gelegen, bot aber immer noch einen fantastischen Ausblick und hatte die Lage inmitten des alten Obstgartens für sich. In diesem Wirtschaftsgebäude ließ sich auch das innenarchitektonische Konzept Max Stoissers einfacher verwirklichen; wo vormals Heu gelagert worden war, wurde nun eine neue Wohn-, Koch- und Essbox eingebaut. Dieser auf drei Seiten frei im Raum stehende, nur zum früheren Stall hin »angedockte« Baukörper setzt sich somit respektvoll vom Bestand ab und lässt Alt und Neu für sich wirken. Dieser Respekt erstreckte sich auch auf die Erhaltung der umstehenden Bäume, so insbesondere des alten Walnussbaums, zu dessen Gunsten die Familie auf einige Quadratmeter Wohnfläche mehr verzichtete. Die das Haus westlich und südlich umgebende Lärchenholzterrasse hat dadurch heute einen natürlichen Sonnenschutz – das Laubkleid des Walnussbaums, der zwischen den Lärchenholzbrettern herauswächst.

Glashaus oder Scheune

Der Grundcharakter und die Substanz des Wirtschaftsgebäudes sind beim Umbau weitgehend bewahrt worden; der ehemalige Stall wurde nach der Erneuerung des Putzes außen in einem angenehmen, dunklen Eisenoyxdrot gestrichen, das Tonnengewölbe innen dagegen sandgestrahlt, um die Bausteine sichtbar zu machen. Das so erdig gehaltene rote Bauteil tritt in einen spannenden Komplementär-Konstrast zum satten Grün der Landschaft und passt zudem gut zum vergrauenden Lärchen-

Unten und ganz unten: Ein Haus, zwei Gesichter: Die Traufseite der früheren Scheune in geöffnetem und geschlossenem Zustand.

holz der Scheunenfassade und der Transparenz der Glasflächen. Die erhaltene alte Tragwerkskonstruktion aus Holz ist insbesondere auf der Süd- und auf der Westseite großflächig verglast und so zu einem immanenten Teil der Landschaft geworden, die sich den Familienmitgliedern sowohl vom Erdgeschoss als auch vom Dachgeschoss aus als grandioses Panorama darbietet. Im Erdgeschoss angeordnete Holzschiebeelemente aus unbehandeltem Lärchenholz schließen die Fassade bei Bedarf vollkommen ab und verleihen dem »Glashaus« dann wieder den Charakter einer Scheune.

Auch bei geöffneten Läden wird eine sommerliche Überhitzung der Innenräume wirksam durch Lüftungsklappen im Erdgeschoss und Oberlichter im Dachbereich verhindert. An Herbst- und Wintertagen dringen die Strahlen der tief stehenden Sonne unter dem westseitigen Vordach weit in die Räume hinein, lassen Innen und Außen ineinander übergehen und erwärmen zusätzlich das ganze Haus.
Das ebenso schlichte wie überzeugende Umbauprojekt wurde 1998 mit der Geramb-medaille des Landes Steiermark ausgezeichnet.

Oben: Von den mit Sonnenlicht förmlich erfüllten Innenräumen bieten sich weite Ausblicke auf die Landschaft am Kogelberg.

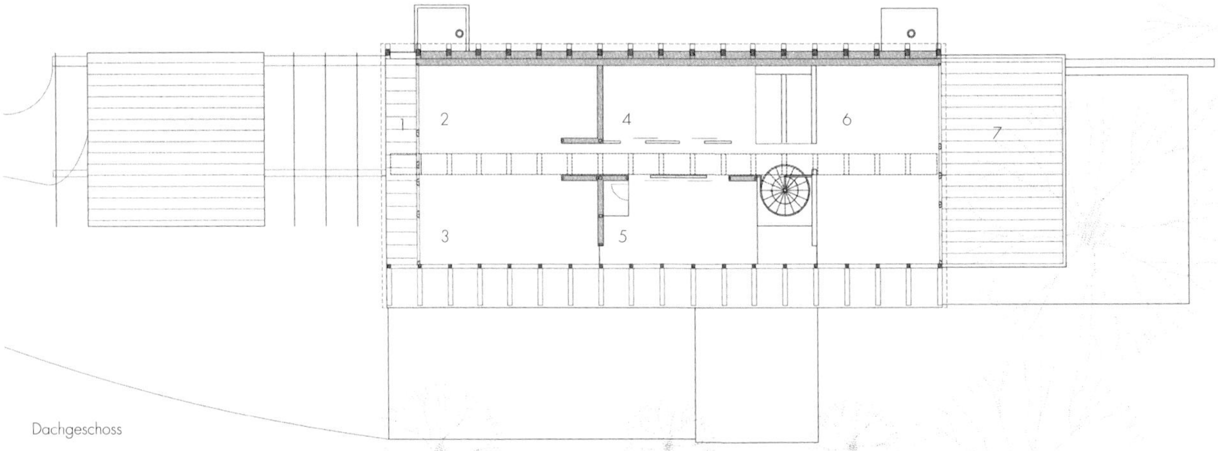

Dachgeschoss

1 Balkon
2 Schlafzimmer
3 Kinderzimmer
4 Schrank/Bibliothek
5 Bad/WC
6 Galerie
7 Terrasse

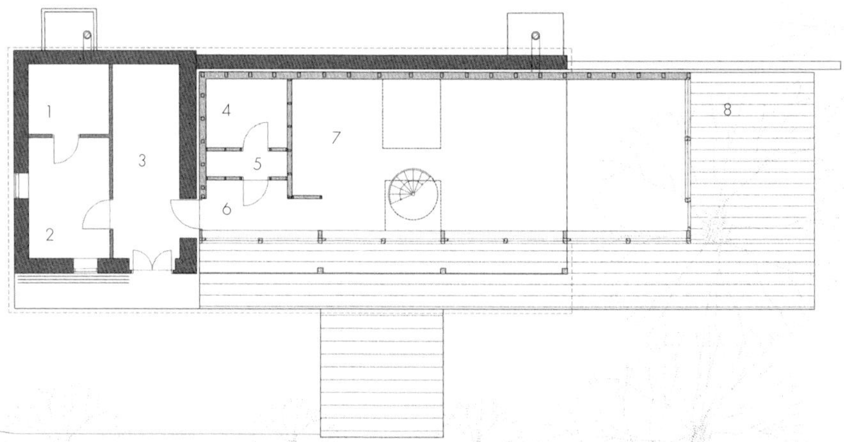

Erdgeschoss

1 Heizraum
2 Lagerraum
3 Garderobe
4 Wirtschaftsraum
5 WC
6 Gang
7 Koch-/Ess-/Wohnraum
8 Terrasse

Oben: Ansicht des Gebäudes mit dem gemauerten, rot gestrichenen Stallteil.

Adresse des Architekten
Max Stoisser
Aug 7
A-8430 Leibnitz
Telefon: +43-(0)34 52-8 68 30
Telefax: +43-(0)34 52-8 68 40
E-Mail: arch.stoisser@aon.at

Baudaten
Standort: Naturpark Südsteirisches Weinland
Erbauungszeit der Scheune: um 1925
Umbauzeitraum: 1997 (12 Monate)
Grundstücksfläche: 30 000 m^2
Wohnfläche: ca. 130 m^2
Baukosten: 210 000 Euro

Holz hinter Glas

Ein Scheunenumbau in Pforzheim

Dantes-Schwehr und Partner, Pforzheim

Scheunen eignen sich aufgrund ihrer häufig geringeren denkmalpflegerischen Wertigkeiten und ihren vergleichsweise wenigen Einbauten besonders gut zum frei gestaltenden Umbau und zur wunschgemäßen Gestaltung des Grundrisses. Im vorliegenden Beispiel der Familie Maier-Beck adaptierten die Bauherren eine unscheinbare, um 1875 errichtete Scheune als Wohnhaus mit Schmuckatelier im Erdgeschoss.

Alte Tragkonstruktion mit neuer Glasfassade

Das Konzept der Architekten Dantes-Schwehr und Partner sah gemäß dem Wunsch der Bauherren vor, die Substanz der Fachwerkscheune so weit wie möglich zu bewahren, aber auf keinen Fall heimelige Fachwerkromantik zu erzeugen. Die für die südliche Giebelfassade gefundene Lösung setzt diesen Wunsch in die Tat um: anstelle einer stellenweisen Ergänzung neuer Fenster entschied man sich für den Bereich des Obergeschosses und des Dachgeschosses für eine komplette Verglasung mittels einer vorgesetzten Fassade, die das erhaltene und in Teilen angestückte Fachwerk nicht nur vor Witterungseinflüssen schützt, sondern die alte Konstruktion auch wie durch eine riesige Vitrine nach außen sichtbar macht. Aus Gründen der Energieeffizienz entschied man sich für besonders gut isolierendes Wärmeschutzglas. Ein dem Obergeschoss zugeordneter Sitzplatz auf dem neuen Balkon und eine filigrane Außentreppe in Stahlkonstruktion beeinträchtigen die Wirkung der vorgehängten Glasfassade in keiner Weise; Stahlseile als Geländerfüllungen und die verzinkten Oberflächen treten unauffällig zurück.
Neben der Giebelfassade ist auch der westseitig angeordnete, an der Stelle des alten Scheunentors entstandene Haupteingang durch große Glasflächen geprägt, in die die geschlossene blaue Eingangstüre gleich einem monochromen Bild eingepasst ist. Das Schmuckatelier im Erdgeschoss wird durch

Rechts: Der großflächig verglaste Eingangsbereich im Erdgeschoss.

Oben: Giebelansicht der ehemaligen Scheune mit erhöhtem Sitzplatz im Freien und neuer Treppe.
Rechts: Lichtdurchflutetes Obergeschoss: Lässt man sich in den Le-Corbusier-Sesseln nieder, scheint die Trennung zwischen Drinnen und Draußen aufgehoben zu sein.

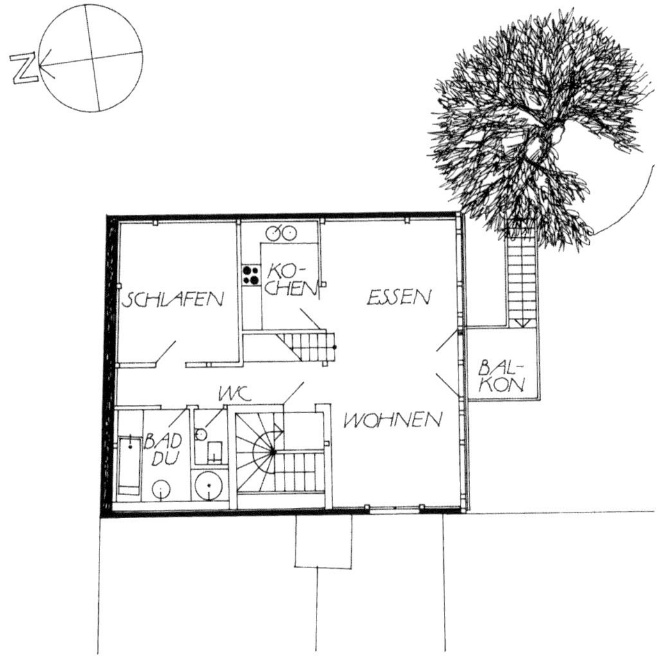

OBERGESCHOSS

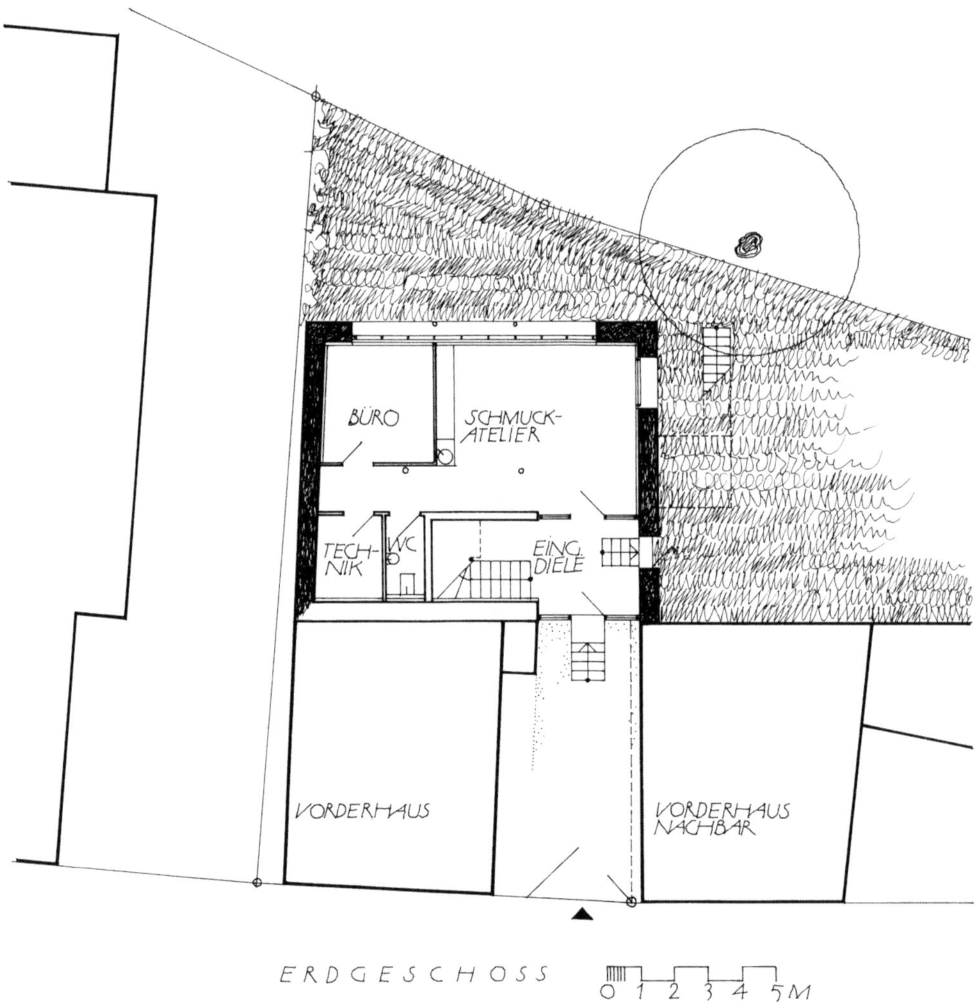

ERDGESCHOSS

einige neue, ins Natursteinmauerwerk eingepasste Fensteröffnungen belichtet.

Lichtes Wohnen unter alten Balken

Die Eigentümer haben mit dem Umbau ihre Wünsche vollständig erfüllt, die Räume sind ausgesprochen hell, wohnlich und haben dabei doch wie gewollt ihren rauen Charakter bewahrt. Die Holzteile blieben unverschalt und unbehandelt. Im Charakter einfache und kostengünstige Materialien wie halb transparente Drahtglaswände, Grobspanplatten für die Decken und gewachster Estrich für die Fußböden tragen dazu bei, den wohltuend ungekünstelten Charakter der Innenräume zu unterstreichen und den Geist der alten Nutzung lebendig zu halten. Aus diesem Konzept der Innenarchitektur ergeben sich besonders reizvolle Wechselwirkungen mit der hochwertigen modernen Möblierung.

Dieses ausgesprochen gelungene Umbauprojekt erhielt den dritten Preis beim Wettbewerb der Dresdner Bank »Neues Leben in alten Wänden« 1999 und wurde beim Wettbewerb des Bundes für Heimat und Umwelt (BHU) »Neues Leben unter alten Dächern« 2002 ausgezeichnet.

Oben und unten: Reizvolle Ausblicke und Durchblicke nach draußen vom Dachbereich und vom Obergeschoss.

Adresse der Architekten
Dantes-Schwehr und Partner
Reinhard Dantes, Peter Gloss, Peter Möller, Reinhard Schwehr
Kronprinzenstraße 30
D-75177 Pforzheim
Telefon: 0 72 31-35 20 81
Telefax: 0 72 31-10 55 34
E-Mail: D.S.P@t-online.de

Baudaten
Standort: bei Pforzheim
Erbauungszeit der Scheune: um 1875
Umbauzeitraum: 1997 (10 Monate)
Grundstücksfläche: 412 m²
Wohn- und Nutzfläche: ca. 95 m² Wohnfläche, ca. 70 m² Nutzfläche
Baukosten: ca. 160 000 Euro

Die Villa mit Glas

Gesamtumbau und Erweiterung in Hamburg

Kleffel Köhnholdt Papay Warncke Architekten, Hamburg

Rechte Seite: Eine Stahlwendeltreppe stellt die direkte Verbindung zwischen dem Garten und den privaten Wohnbereichen her.
Unten: Gesamtansicht des Glasanbaus und der Villa von der Gartenseite.

Das für das gekonnte Bauen im Bestand bekannte Hamburger Büro Kleffel Köhnholdt Papay Warncke und Partner hat in der Willistraße eine Villa der Jahrhundertwende saniert, komplett umgebaut und mit einer großen, organisch geformten Erweiterung versehen, die den Altbau um eine völlig neue Dimension ergänzt. Auf der Gartenseite der um 1900 errichteten herrschaftlichen Villa entstand ein hoch transparenter, turmartiger Wintergarten in Stahl-Glas-Konstruktion, der zusammen mit dem Altbau der Präsentation von Kunstwerken dient.

Jahrhundertwende-Ornamentik und gläserne Klarheit

Die neu entstandene gläserne Erweiterung versteht sich bewusst nicht nur einfach als gartenseitige Fortsetzung des Bestands, sondern setzt sich gegenüber der noch stark vom Historismus geprägten Straßenfassade mit ihren Erkern und Stuckierungen deutlich ab. Die Klarheit des Stahltragwerks und der gläsernen Fassaden ist aber nicht nur Ausdruck einer zeitgemäßen Architektursprache, sondern wesentlich auch durch die von den Bauherren gestellte Aufgabe begründet, der Kunst das gebührende Umfeld zu geben. Das einströmende Licht mischt sich im Inneren zu einer perfekten Atmosphäre der Kunstpräsentation. Die im Wintergartenbereich bevorzugt präsentierten Skulpturen und Installationen kommen durch die großen Raumhöhen, in die lediglich ein schmaler Stahlsteg hineinragt, bestens zur Geltung.

Zwei Architektursprachen, eine bauliche Einheit

Der sich nach oben gleichsam verjüngende Bau schraubt sich im Eindruck fast in den Altbestand hinein; im dritten Geschoss noch mit einer Aussichtsterrasse zur Grundfläche der unteren Ebenen ergänzt, führt ein weiteres Geschoss darüber mit einer neu geschaffenen Gaube, die an die Laterne eines Leuchtturms erinnert, als oberer Abschluss die Glasgalerie visuell in den Altbau über. Von dieser Gaube aus ist eine weitere, auf dem Dach des Wintergartens angelegte Terrasse zu erreichen. Während die beiden untersten Ebenen von Altbau und Erweiterung privat wie auch für die Galerie genutzt werden, bleiben die oberen Ebenen dem Wohnen vorbehalten. Eine außen vorgesetzte Wendeltreppe aus Stahl verbindet den privaten Wohnbereich direkt mit dem Garten und belässt dem gläsernen Baukörper durch ihre filigrane Konstruktion und ihre unauffällige Farbe seinen gestalterischen Eigenwert. Bei Bedarf kann die Glasfassade westseits durch elektrisch gesteuerte textile Verschattungen vor zu starker Sonneneintrahlung geschützt werden.

Links: Teile der Kunstgalerie werden durch umlaufende Glassheds in der Decke illuminiert.
Unten: Gläserner Eingangsbereich mit restaurierter Deckenstuckierung.

Rechte Seite: Ausblick vom Erdgeschoss des Glaspavillons in den Garten.

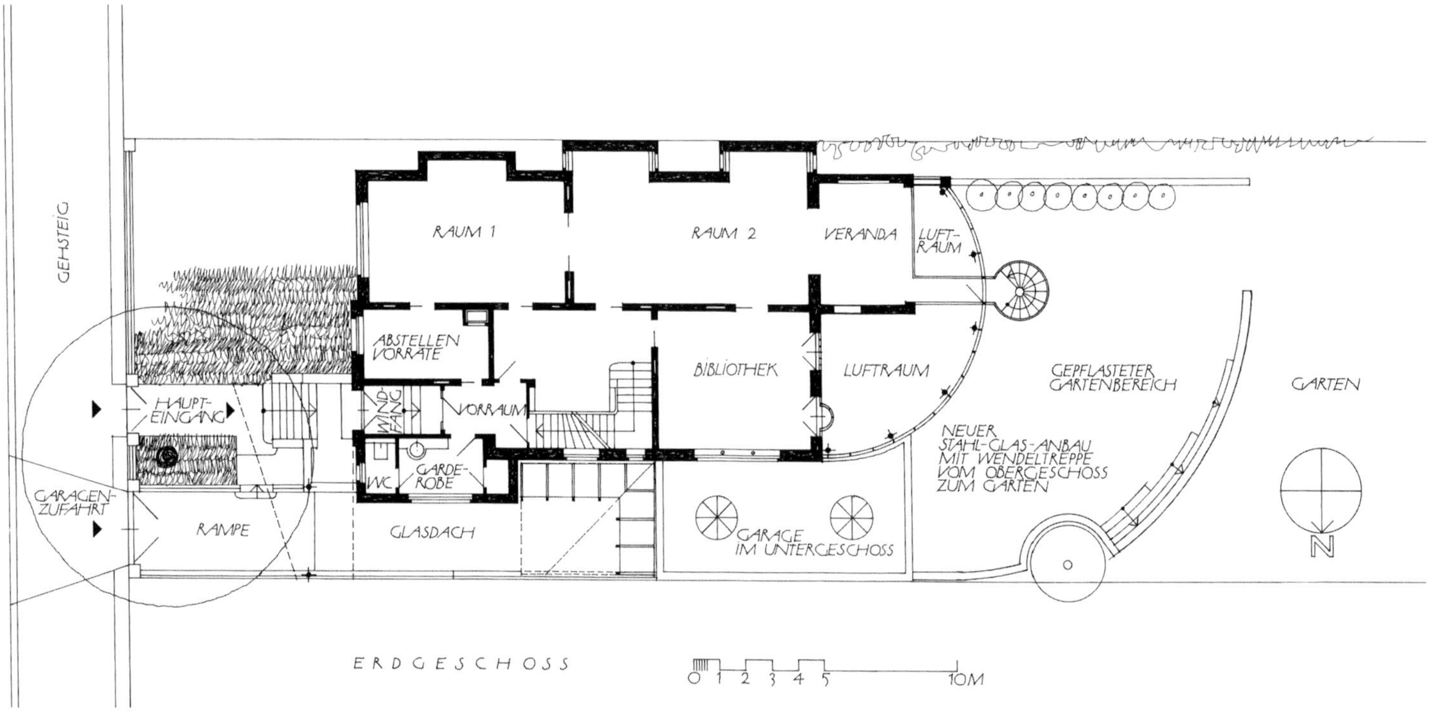

Adresse der Architekten
Konstantin Kleffel
Kleffel Köhnholdt Papay Warncke Architekten
Michaelisstraße 22
D-20459 Hamburg
Telefon: 0 40-3 55 55-0
Telefax: 0 40-3 55 55-177
E-Mail: mail@kkpw.de

Baudaten
Standort: Hamburg
Erbauungszeit Altbau: um 1900
Umbau und Erweiterung: 1991–1992
Grundstücksfläche: ca. 1500 m²
Nutzfläche Anbau: ca. 120 m²
Baukosten gesamt: 1 400 000 Euro

Oben: Von Glas umgeben: Sitzplatz im Bereich der Erweiterung.

Transparenz nach Belieben

Ein Mehrparteienwohnhaus in Dornbirn

Baumschlager-Eberle GmbH, Lochau

Unten: Fassadendetail im Bereich der Gebäudekante.

Gebäude, die den Baustoff Glas als bestimmendes Architekturthema haben, fordern von ihren Bewohnern zumeist die grundsätzliche Bereitschaft, mit der Außenwelt in stärkeren Kontakt zu treten als bei »herkömmlichen«, eher geschlosssen ausgeführten Objekten. Dies führt aber nicht selten auch zu höchst disparaten Versuchen der Eigentümer oder Mieter, ihre Privatsphäre durch textile Lamellen, Gardinen oder andere Elemente zu schützen, die weder für die Bewohner selbst noch für die Außenwirkung der Architektur zufrieden stellende Lösungen darstellen. Carlo Baumschlager und Dietmar Eberle brachten den Privatheitsanspruch der Bewohner demgegenüber bei ihrem Neubauprojekt in der Sebastianstraße perfekt mit dem ästhetischen Anspruch in Einklang.

Durchsichtig und undurchsichtig zugleich

Die Verwendung einheitlicher Werkstoffe für die Fassadengestaltung und die eindeutige Kubatur des Gebäudes führen bei diesem Mehrparteienwohnhaus zu einer überzeugend schlichten Gesamterscheinung, die durch die weiße Farbe der Fassade noch unterstrichen wird.

Eine leichte, hoch gedämmte Holzkonstruktion mit Flachdach und einer Wetterhaut aus Holzwerkstoffplatten sowie großen Glasscheiben bildet gleichsam den inneren Kern des Hauses. Die zweite, äußere Gebäudehülle aus im Siebdruckverfahren bearbeiteten Glasscheiben ermöglicht den Bewohnern völlig freie Ausblicke nach draußen und gewährleistet gleichzeitig, dass die Innenräume vor Einblicken geschützt sind. Werden die Glasscheiben dieser »zweiten Haut« übereinander geschoben, sind sie von außen praktisch undurchsichtig. Bei Tage changiert die Farbe des Gebäudes je nach Sonneneinstrahlung, Bewölkung, Tages- und Jahreszeit zwischen reinem Weiß, Cremefarben, Hellblau und Graublau, bei Nacht erzeugt die Beleuchtung der Innenräume vielgestaltige Lichtstreifenmuster auf der Fassade. Die extrem schmal profilierten Scheiben treten bei der Gesamtbetrachtung im optischen Eindruck vollständig zurück. Die unauffällig anthraziten Führungsschienen, die dem Glas bewusst nur geringen visuellen Widerstand entgegensetzen, sind ebenfalls extrem schmal bemessen und treten so nur als sehr zurückhaltende vertikale Gliederungselemente in Erscheinung.

Die Bewohner der verschiedenen Wohneinheiten scheinen den Überlegungen der Architekten in allen Belangen gefolgt zu sein und nutzen die Glasschiebeelemente in genau der vorgesehenen Weise; je nach Situation, Intimitätsanspruch und Jahreszeit werden die Räume nach draußen geöffnet oder geschlossen, die Zufriedenheit mit dem Haus ausgesprochen hoch.

Oben: Gesamtansicht des Wohnhauses bei Abendstimmung.

1 Küche/Essen/Wohnen
2 Zimmer 1
3 Zimmer 2
4 Bad
5 WC

1 Küche/Essen/Wohnen
2 Zimmer 1
3 Zimmer 2
4 Bad
5 WC

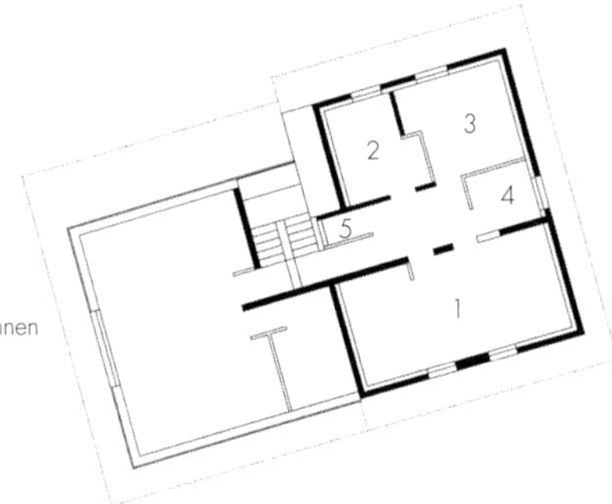

1 Essen/Wohnen
2 Küche
3 Zimmer 1
4 Zimmer 2
5 Bad

1. Obergeschoss

1:400

1 Essen/Wohnen
2 Küche
3 Zimmer 1
4 Zimmer 2
5 Zimmer 3
6 Bad
7 WC

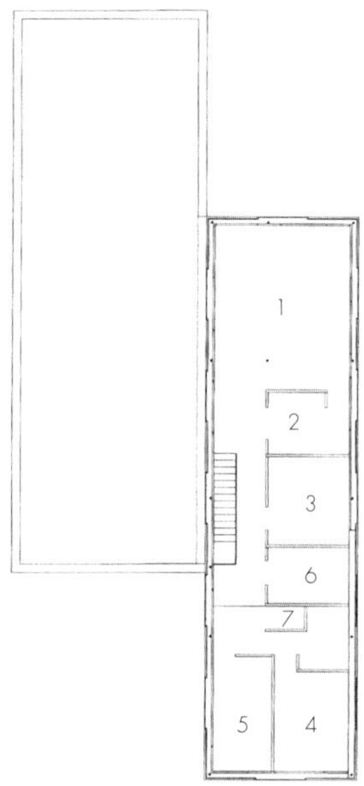

Dachgeschoss

Adresse der Architekten
Baumschlager-Eberle GmbH
Lindauer Straße 31
A-6911 Lochau
Telefon: +43-(0)55 74-4 30 79 22
Telefax: +43-(0)55 74-4 30 79 30
www.baumschlager-eberle.com

Baudaten
Standort: Dornbirn, Vorarlberg
Bauzeitraum: 2000–2001 (17 Monate)
Grundstücksfläche: ca. 1 300 m²
Wohnfläche: insgesamt ca. 692 m²
(bei insgesamt neun Wohneinheiten)
Baukosten: ca. 1 300 000 Euro

Oben und rechts: Bei Nacht und bei Tag, je nach Lichtstimmung und Beleuchtung, ändert das Haus seine Gesamterscheinung.

Gläserne Wohnlandschaften

Transparente Mehrfamilienhäuser am Bodensee

Baumschlager-Eberle GmbH, Lochau

Rechte Seite: Der Fassadenausschnitt zeigt, wie ruhig und doch abwechslungsreich die Fassade erscheint. Die Glasschiebelemente sorgen für eine architektonisch und funktional variable Gestaltung.

Wohnanlagen von größeren Ausmaßen bedürfen – wie zahlreiche negative Beispiele der gebauten jüngeren und jüngsten Baugeschichte zeigen – einer besonders sorgsamen städtebaulichen und architektonischen Herangehensweise. Die Akzeptanz durch die Bewohner hängt in diesem Kontext insbesondere davon ab, ob die Wohnungen vernünftig geschnitten und gut belichtet sind sowie eine angemessene Wahrung der Privatspäre ermöglichen. Dem renommierten Vorarlberger Büro Baumschlager und Eberle gelang es mit dem zweiten Bauabschnitt eines Bebauungsprojekts mit insgesamt 126 Wohneinheiten in St. Gallen, höchst attraktive und zeitgemäße Architektur mit hohem Wohnwert zu schaffen.

Natürliches Licht für alle

Entgegen der ursprünglich vorgesehenen Zeilenbebauung wurden von Baumschlager und Eberle so genannte Punkthäuser geplant und verwirklicht. Dadurch gestaltete sich die Bebauung weniger einförmig. Zwischen den einzelnen Gebäuden blieb Platz für große Grünräume und vor allen Dingen erhalten damit alle Wohnungen durch die großen Glasflächen so viel wie möglich natürliches Licht. Dieses Konzept basiert auf der gewählten innen liegenden Erschließung; der Zugang erfolgt südostseitig im Erdgeschoss. Die pro Stockwerk vier Wohnungen gruppieren sich nun jeweils so um das Treppenhaus, dass alle Bewohner Licht aus zwei unterschiedlichen Himmelsrichtungen bekommen. Die größten Wohnräume befinden sich in den Eckbereichen und nutzen diesen Vorzug des Belichtungskonzepts somit optimal aus. Durch die allseitig und auf allen Etagen ab dem ersten Obergeschoss umlaufenden Balkone wird es gleichzeitig möglich, von allen Zimmer aus ins Freie zu gelangen. Für die darunter liegenden Wohnungen übernehmen die Balkone die Funktion eines Vordachs.

Mobiles Glas als Architekturelement

Die hoch transparente Außenwirkung der Architektur ergibt sich aus den rhythmisierend eingesetzten Fenstertüröffnungen und den komplett verglasten Balkonbrüstungen bei gleichzeitig höchst filigraner Ausführung der konstruktiven Teile. Für wirksamen Sicht- oder Wetterschutz bei Bedarf sorgen die außenseitig unmittelbar vor den Brüstungen laufenden Schiebeelemente aus teils klarem, teils satiniertem Glas. Am Abend schützen die Elemente so vor unerwünschten Einblicken, bei Regen ist dennoch ein Aufenthalt auf dem Balkon bei freiem Ausblick nach draußen möglich. Die gläsernen Schiebeläden tragen gleichzeitig zur veränderlichen Gestaltung der Fassaden bei. Die gemeinsamen Außenbereiche sind

großflächig begrünt und mit Gruppen von Laubbäumen bepflanzt, der Ausblick auf Garten und umliegende Gebäude somit immer anziehend statt abschreckend. Mehr können sich Bewohner nicht wünschen!

Adresse der Architekten
Baumschlager-Eberle GmbH
Lindauer Straße 31
A-6911 Lochau
Telefon: +43-(0)55 74-4 30 79 22
Telefax: +43-(0)55 74-4 30 79 30
www.baumschlager-eberle.com

SENN Architektur AG
Burggraben 16
CH-9004 St. Gallen

Baudaten
Standort: St. Gallen, Schweiz
Bauzeitraum: 2000–2002
Grundstücksfläche: ca. 21700 m^2
Wohnfläche: insgesamt ca. 14700 m^2
(bei insgesamt 126 Wohneinheiten)
Baukosten: ca. 30000000 Euro

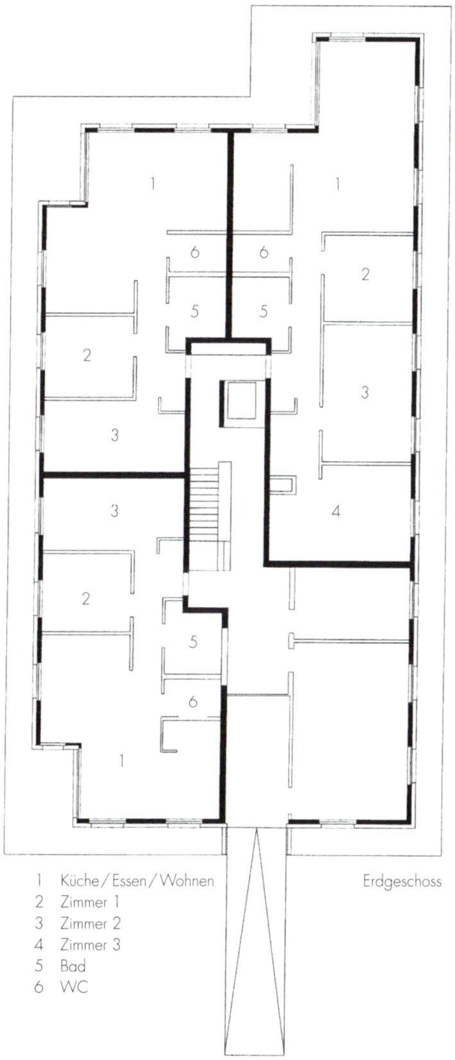

Erdgeschoss

1 Küche / Essen / Wohnen
2 Zimmer 1
3 Zimmer 2
4 Zimmer 3
5 Bad
6 WC

1:200

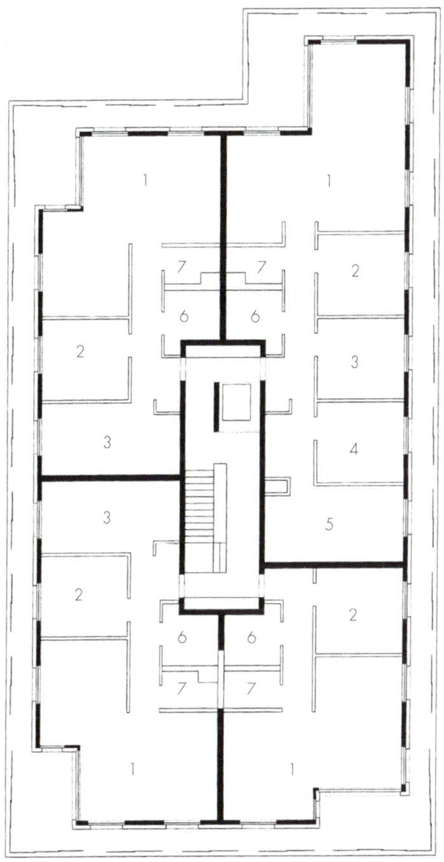

1. Obergeschoss

1 Küche / Essen / Wohnen
2 Zimmer 1
3 Zimmer 2
4 Zimmer 3
5 Zimmer 4
6 Bad
7 WC

Offen – halb transparent – geschlossen

Eine Wohn- und Geschäftsbebauung in Bregenz

Gerhard Hörburger,
Helmut Kuess,
Norbert Schweitzer,
Bregenz

Das groß angelegte Neubebauungsprojekt »Rheinstraße Nord« in der Vorarlberger Landeshauptstadt hatte im Kontext mit der bestehenden Hochhausbebauung und den künftig in diesem Bereich vorgesehenen Projekten gleichermaßen hohe städtebauliche und architektonische Ansprüche zu erfüllen. Gleichsam am Grenzsaum zwischen dem historischen Quellenviertel und dem in jüngster Zeit stark expandienden Stadtteil Vorkloster gelegen, beschreibt das etwa 12000 Quadratmeter große Bauareal einen spitzen Winkel zwischen der Heldendankstraße und der 1930 neu angelegten Rheinstraße.

Raumkunstwerk mit Rundungen und Kanten

Die Bebauungsstruktur des Quellenviertels und der Rheinstraße aufnehmend, folgt der Sockelbaukörper der Rheinstraße als Randbebauung, während sich die Obergeschosse an der baulichen Struktur des Quellenviertels orientieren. Grundsätzlich wird die Bebauung durch den Wechsel von Bauhöhen, Kubaturen und die unterschiedliche, jedoch dennoch einheitlich wirkende Gestaltung der Fassaden sehr spannend gestaltet. Sie umfasst neben 28 Kleinwohnungen Laden- und Dienstleistungsflächen mit den zugehörigen Stellplätzen sowie ein Schulungszentrum der Raiffeisenlandesbank und die Landesdirektion der UNIQA-Versicherung. Erreicht wird die Spannung durch den kalkulierten Dreiklang von transparenten Glasflächen, halb offenen Lamellen und geschlossenen Mauerwerkspartien.

Ein gläserner Rundturm

Zentrales Element der Bebauung ist der turmartig herausragende Baukörper an der Ecke Heldendankstraße/Rheinstraße, der mit seiner gerundeten Fassadenform in den Straßen- und Platzraum hinweinwirkt. Das UNIQA-Objekt mit seiner gebogen transparenten, als vorgehängte Glasfassade ausgebildeten Hülle besitzt eine halb tranparente, lamellierte Gebäuderückwand. Zu Teilen lassen sich die Abläufe im Gebäude von außen nachvollziehen. Die Fensterflächen sind als horizontale Lichtbänder gestaltet, die bei nächtlicher Beleuchtung die dynamische Bewegung im Straßenraum und die von den Autoscheinwerfern erzeugten Lichtstreifen nachvollziehen.

Oben, rechts und unten rechts: Das UNIQA-Gebäude setzt an der städtebaulich vormals ungeordneten Stelle mit seiner runden Form einen positiven Akzent. Zur Längsseite hin läuft die Glasfassade in einer markanten Kante aus.
Unten links: Die rückwärtige Seite des UNIQA-Gebäudes besitzt ebenfalls eine – allerdings durch Metalllamellen wirkungsvoll strukturierte – Glashaut, die wiederum durch geometrische Glasflächen durchbrochen wird.

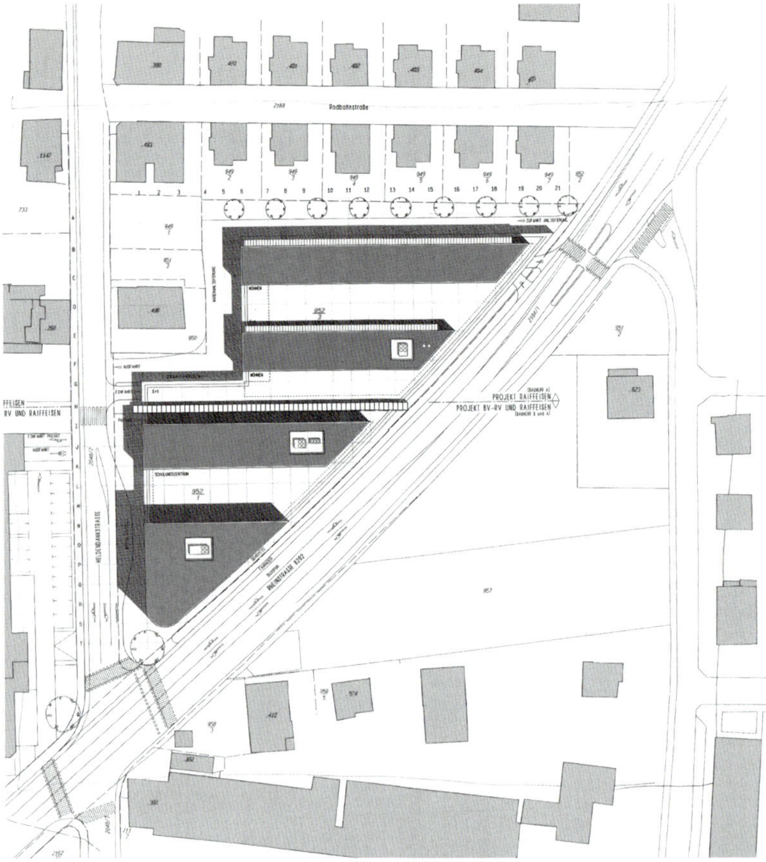

Lageplan

Adresse der Architekten
Entwurf und künstlerische Leitung: Gerhard Hörburger, Helmut Kuess, Norbert Schweitzer

Gerhard Hörburger
Gerberstraße 6
A-6900 Bregenz
Telefon: +43-(0)55 74-4 41 19
Telefax: +43-(0)55 74-4 41 19 22
E-Mail: hoerburger.arch@aon.at

Helmut Kuess
Ehregutaplatz 8
A-6900 Bregenz
Telefon: +43-(0)55 74-4 28 45
Telefax: +43-(0)55 74-4 28 45 4
E-Mail: kuess.arch@aon.at

Norbert Schweitzer
Brandgasse 21
A-6900 Bregenz
Telefon/Telefax: +43-(0)5574-4 23 34
E-Mail: schweitzer.arch@gmx.at

Baudaten
Standort: Bregenz
Bauzeitraum: 1997–1999 (24 Monate)
Grundstücksfläche: ca. 12 000 m²
Wohn- und Nutzfläche: Wohnfläche ca. 1600 m², Geschäfte/Dienstleistung ca. 4 000 m² (zzgl. zugehöriger Stellplätze)
Baukosten: ca. 21 430 000 Euro

Oben: Ebenso wie im Äußeren dominiert Glas auch als Material für die Innenwände.
Unten links und rechts: Der Erdgeschossbereich des UNIQA-Gebäudes mit der charakteristischen Rundung von innen und außen.
Linke Seite unten: Halb transparente Glaswand im Empfangsraum des UNIQA-Gebäudes.

Unten: Halb transparente Trennwände und Raumteiler sind ein dominierender Faktor der Innenarchitektur. Rechte Seite oben und unten: Auch im Wohntrakt stellt Glas den Mittelpunkt des Architekturkonzepts dar. Sämtliche Wohnungen sind so gestaltet und geplant, dass die großen Glasflächen alle Räume optimal belichten.

Das Haus der zwei Gesichter

Ein Wohn- und Geschäftshaus in München

Erich Gassmann und Robert Meyer, München

Gebäude mit mehreren tausend Quadratmetern Wohn- und Nutzfläche in großstädtischem Umfeld sind nur in Ausnahmefällen angenehme »Eyecatcher«, in der Regel bleiben sie in Beliebigkeit oder gar Belanglosigkeit stecken oder versuchen gar, fehlenden architektonischen Einfallsreichtum durch pompöse Fassadeninszenierungen aufzupeppen. Ganz anders der Neubau eines Wohn- und Geschäftshauses der Münchner Architekten Erich Gassmann und Robert Meyer an der Westendstraße: Hier wurde Glas in der Fassadengestaltung in jeder Hinsicht zurückgenommen und überlegt eingesetzt. Gerade deshalb scheint das Objekt alle Blicke auf sich zu ziehen.

Unten: Auf der Innenhofseite sind die Fassaden großflächig verglast.

Vom großzügigen Maisonetteappartment bis zur lichtdurchfluteten Studiowohnung

Entsprechend dem Wunsch des Bauherrn, der SOFINA GmbH, entstanden im Neubau von der Konzeption wie auch von der Wohnfläche sehr unterschiedliche Wohnungen. Im ersten Stockwerk befinden sich größere Wohnungen, die über Stahltreppen direkt vom Garten aus zugänglich sind, der Weg über das Treppenhaus erübrigt sich somit. Den Wohnungen sind lärchenholzgedeckte Terrassen zugeordnet, die auf den Flachdächern der Nebengebäude angelegt wurden. Bestehende Abstandsflächenregelungen führten dazu, dass im Bereich des dritten Obergeschosses zur Westendstraße hin ein Staffelgeschoss und ein Laubengang entstand, der zur Gartenseite in wiederum holzgedeckte, sehr großzügige Terrassenbereiche übergeht. Darüber wächst der viergeschossige Riegel zu einem insgesamt sechs Stockwerke hohen Turm empor, dessen straßenseitige massive Fassade durch zahlreiche ineinandergeschnittene und horizontal verschobene liegende Fenster unterschiedlicher Formate bestimmt wird. Im Inneren entstehen dadurch sehr span-

Seite 135: Im Inneren konstituieren die ungewöhnlichen Fassadenausschnitte spannungsvolle Raumsituationen.
Unten: Detail der Straßenfassade.
Ganz unten: Insbesondere bei Sonnenschein entstehen in den Wohnungen durch die abwechslungsreiche Anordnung und Dimensionierung der Fenster faszinierende Lichtwirkungen.

nende und ständig wechselnde Lichtwirkungen, im Äußeren kommt diese Fassadenseite vor allem bei nächtlicher Beleuchtung hervorragend zur Geltung. Die Anordnung der Fenster verwischt bewusst die Grenzen zwischen den Geschossen und bricht so gewohnte visuelle Beziehungen auf.

Zum Garten geöffnet

So geschlossen die Fassade zur Westendstraße ist, so transparent zeigt sie sich zur Gartenseite hin. Hier sind alle Wohnungen mit raumhoch verglasten Schiebeelementen aus Lärchenholz versehen, die die Räume großzügig belichten und gleichzeitig einen direkten Blickbezug zum Garten ermöglichen. Direkt an ein Schrebergartenareal angrenzend, zitiert der in ein Kiesbett eingebundene Obstbaumbestand die natürliche Nachbarschaft und schafft gleichzeitig einen grünen Ruhe- und Erholungsraum für die Bewohner in einer ansonsten sehr verkehrsreichen Lage. Die Transparenz der Wohnungen auf der Gartenseite wird noch durch die des komplett verglasten Erdgeschosses übertroffen, dessen Ausführung dem großen Gebäude eine enorme Leichtigkeit verleiht und Durchblicke zum Garten ermöglicht.

Oben: Die dem Straßenbereich zugewandten Seiten des Gebäudes mit dem abschließenden »Eckturm« gewinnen ihre Spannung aus der unkonventionellen Gestaltung und Platzierung der Fenster.

Adresse der Architekten
Entwurf und Ausführungsplanung:
Erich Gassmann und Robert Meyer

Erich Gassmann
Seitzstraße 8
D-80538 München
Telefon: 0 89-21 57 85 15
Telefax: 0 89-21 57 85 17
E-Mail: gassmann@freenet.de
www.egassmann.de

Robert Meyer
Seitzstraße 8
D-80538 München
Telefon: 0 89-21 57 85 21
Telefax: 0 89-21 57 85 18
E-Mail: RM@RMArchitekten.de
www.RMArchitekten.de

Baudaten
Standort: München
Bauzeitraum: 2002–2003 (16 Monate)
Grundstücksfläche: 1421 m²
Wohn- und Nutzfläche: Wohnfläche ca. 1754 m²
Geschäfte/Dienstleistung ca. 500 m²
Baukosten: ca. 3650000 Euro (inkl. Tiefgarage mit 29 Stellplätzen)

1. Obergeschoss

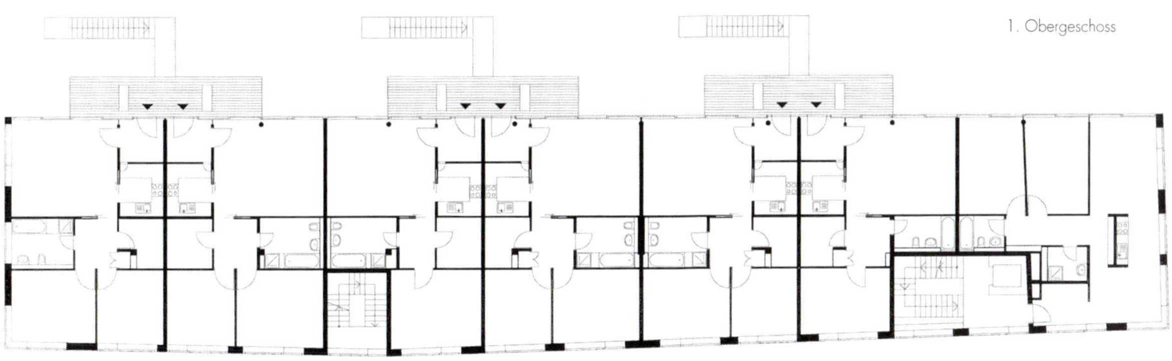

Gläsern und massiv

Ein Wohn- und Gewerbebau bei Augsburg

Ott Architekten, Augsburg

Das Büro Ott Architekten aus Augsburg hat sich mittlerweile einen überregional bedeutsamen Ruf im Wohn- und Gewerbebau erworben. Im besten Sinne eindeutig in ihrer Formensprache wie auch in ihrem Qualitätsanspruch, entwerfen Ulrike Seeger und Wolfgang Ott wundervolle Häuser ohne Pomp und Firlefanz, die das Bauen auf seine eigentlichen Grundlagen zurückführen. Das Material Glas spielt dabei stets eine wichtige Rolle – sei es in Gestalt großflächiger Glasfassaden, sei es in Form einer gekonnten Zwiesprache zwischen Glas und massiven Bauteilen.

Auf den Bestand reagieren

In dörflicher Umgebung entstand im Südosten von Augsburg ein Wohn- und Geschäftshaus, das mit seiner nördlichen Längsseite an der Dorfstraße liegt. Der barocken Kirche benachbart, ist der lang gestreckte, weiße Neubau zur Kirche hin etwas von der Straße abgerückt und lässt somit im Süden einen kleinen Platzbereich entstehen, der Alt und Neu gleichsam verbindet und doch einen respektvollen Zwischenraum konstituiert. Gleichzeitig wird so der Blick auf den Kirchturm respektvoll freigestellt. Auch in Hinsicht auf ihre Architekturqualität mit der gewollt zurückhaltenden Form- und Farbgebung fügt sich das Wohn- und Geschäftshaus deutlich besser zur Kirche als die übrige, doch sehr zufällig wirkende Bebauung im unmittelbaren Umfeld.

Glas variantenreich eingesetzt

Aus Wärme- und Lärmschutzgründen beschränken sich die Wohnungsfenster im Obergeschoss der Straßenseite auf die notwendigsten Öffnungen, die Läden im Erdgeschoss erhielten insbesondere südseits größere Glasfronten zur Präsentation ihrer Waren. Eine Büroeinheit nimmt im Obergeschoss das südliche Ende des Gebäudes ein und nutzt die durch die großen Glasflächen reichlich einfallenden Sonnenstrahlen zur Aufwertung der Arbeitsatmos-

Oben und linke Seite: Die dem Garten zugewandte Längsseite mit dem durchgehend verglasten Wohntrakt im Obergeschoss. Hinter dem schmalen Fensterband links befindet sich die Büroeinheit.

phäre. Nordseits wurde auf Fenster völlig verzichtet. Auf der langen Ostseite, die dem Garten sowie angrenzenden Obstgärten zugeordnet ist, zeigt sich das Obergeschoss fast durchgehend verglast. Der Sonnenschutz und der gewünschte Grad der Privatheit lassen sich jederzeit mit Hilfe außen liegender Aluminium-Jalousetten regulieren. Sowohl die dort untergebrachte große, loftartige als auch die kleinere Wohnung profitieren von den raumhohen Glasflächen, deren aus Eichenholz gefertigte – und damit besonders witterungsresistente – Schiebetürelemente im Sommer zudem weit geöffnet werden können. Der Bodenbelag aus hellgrauem Schiefer bildet in den gartenseitigen Hauptwohnräumen den massiven Untergrund für die transparente, zugleich großartige und wohltuend bescheidene Inszenierung.

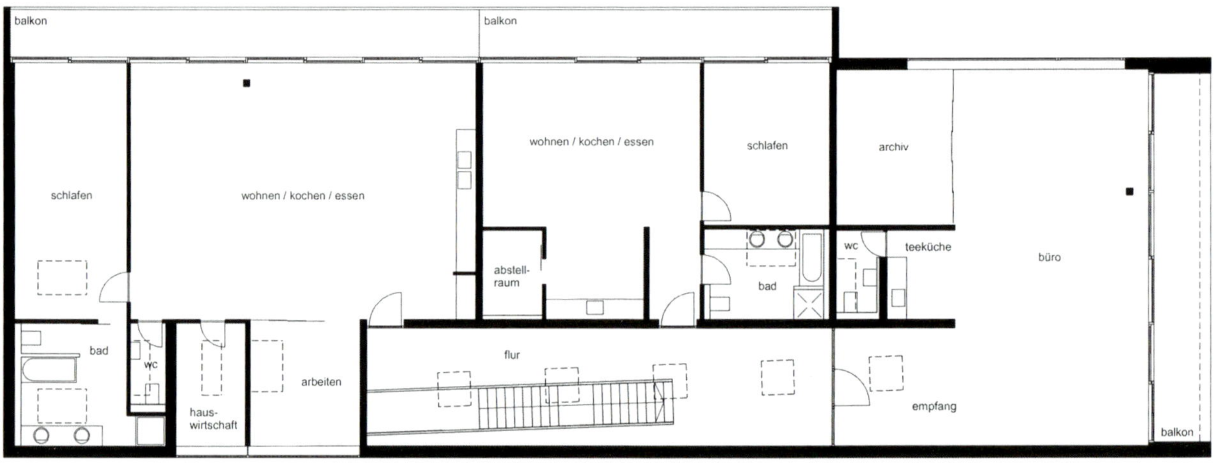

Obergeschoss

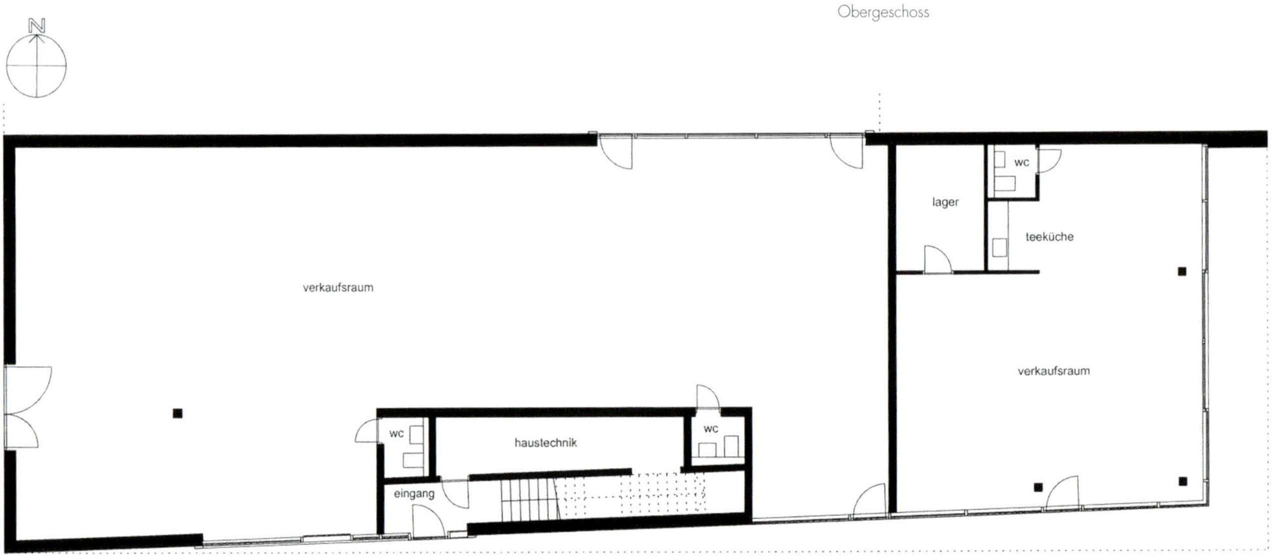

Erdgeschoss

Adresse der Architekten
Ott Architekten
Ulrike Seeger und Wolfgang Ott
Max-von-Laue-Straße 9
D-86156 Augsburg
Telefon: 08 21-20 75 70
Telefax: 08 21-2 07 57 22
E-Mail: info@ott-plan.de
www.ott-plan.de

Oben und linke Seite: Der Raumeindruck im südseits gelegenen Büro wird durch gläserne Trennwände, Türen und Glasbänder bestimmt.
Unten: Blick von der großen Loftwohnung zum Garten.

Baudaten
Standort: Merching bei Augsburg
Bauzeitraum: 2003 (6 Monate)
Grundstücksfläche: 2478 m^2
Wohn- und Nutzfläche: 222 m^2 Wohnfläche, 388 m^2 Nutzfläche
Baukosten: 900 000 Euro

Anhang

Literaturverzeichnis

Andreas Achilles u.a., *Glasklar, Produkte und Technologien zum Einsatz von Glas in der Architektur*, München 2003

Bundesverband Flachglas / Großhandel, Isolierglasherstellung Veredlung e.V. (Hg.), *Ug-Werte für die Flachglasbranche, Ug-Werte-Tabellen nach DIN EN 673*, zu beziehen über mkt gmbh (Adresse siehe unten)

Andrea Compagno, *Intelligente Glasfassaden/Intelligent Glass Facades, Material Anwendung Gestaltung*, Zürich 1999

Thomas Drexel, *Wintergärten bauen, Materialien – Konstruktion – Montage*, München 1999

Peter Fensch, *Baustoff Glas, Systematisierte Bruchbilder und Ursachen*, Berlin 2002

Friedrich Grimm, *Energieeffizientes Bauen mit Glas, Grundlagen Gestaltung Beispiele Details*, München 2003

Rudolf Hess, *Glasbau-Praxis. Konstruktion, Berechnung, Ausführung, Praxisbeispiele*, 2004

Ulrich Knaack, *Konstruktiver Glasbau*, Köln 1998

Ulrich Knaack, *Konstruktiver Glasbau*, Bd. 2, Köln 2000

Martin Krampen und Dieter Schrempp (Hg.), *Glasarchitekten/Glass Architects*, Ludwigsburg 1999

Patrick Loughran, *Falling Glass, An Analysis of Building Failures*, Zürich 2003

Verena Marschall, *Wohnen mit Glas, Transparenz im Innenraum*, München 2003

Robert Nijsse, *Tragendes Glas, Elemente Konzepte Entwürfe*, Zürich 2003

Jens Schneider, Daniela Linsler und Klaus Siegele, *Glasecken, Konstruktion – Gestaltung – Beispiele*, München 2004

Christian Schnittich u.a., *Glasbau Atlas*, Zürich 1998

Ulrich Timm und Hannelore Timm, *Der Wintergarten – Wohnräume unter Glas, optimal planen – klimagerecht bauen – wirkungsvoll bepflanzen*, München 2000

Adressen

Der Autor steht für Leseranfragen aller Art unter folgender Adresse gerne zur Verfügung:

Thomas Drexel
Am Fladerlach 9
D-86316 Friedberg
Telefon/Fax: 08 21-6 07 08 74
E-mail: thomas.drexel@t-online.de

Böhler Fenster GmbH
Wiesenweg 33
A-6922 Wolfurt
Telefon: +43-(0)55 74-7 45 50
E-Mail: office@boehlerfenster.at
www.stufenglas.com

Bundesverband Flachglas e.V.
Mühlheimer Straße 1
D-53840 Troisdorf
Telefon: 0 22 41-8 72 70
Telefax: 0 22 41-87 27 10
E-Mail: info@Bundesverband-Flachglas.de
www.bf-flachglasverband.de

Foiltech GmbH
Steinacker 3
D-28717 Bremen
Telefon: 04 21-69 35 19
Telefax: 04 21-6 93 51 19

FVLR Fachverband Lichtkuppel, Lichtband und RWA e.V.
Ernst-Hilker-Straße 2
D-32758 Detmold
Telefon: 0 52 31-30 95 90
Telefax: 0 52 31-3 09 59 29
E-Mail: info@fvlr.de
www.fvlr.de

GEZE Marketing Service
Reinhold-Vöster-Straße 21–29
D-71229 Leonberg
Telefon: 0 71 52-20 35 05
Telefax: 0 71 52-20 32 37

E-Mail: services.de@geze.com
www.geze.com

GLAS/Architektur und Technik
Zeitschrift für Glasarchitektur
www.glas-online.de

GlasKon/Innovations-Forum für Glas, Architektur, Technik
Eine Sonderschau der BAU München
Messe München GmbH
Telefon: 0 89-94 91 13 08
Telefax: 0 89-94 91 13 09
E-Mail: info@glaskon.de
www.glaskon.de

Glas Marte GmbH
Brachsenweg 39
A-6900 Bregenz
Telefon: +43-(0)55 74-6 72 20
Telefax: +43-(0)55 74-67 22 55
E-Mail: glas@glasmarte.at

Glas Trösch AG
Industriestraße 29
CH-4922 Bützburg
Telefon: +41-6 29 58 52 10
www.glastroesch.ch

Glaswerkstätte und Leuchtenmanufaktur
M. Rothkegel ohg
Huberstraße 2a
D-97084 Würzburg
Telefon: 09 31-60 09 60
Telefax: 09 31-6 00 96 19
E-Mail: mail@architekturglas.de
www.architekturglas.de

Glaverbel
Bluhm & Plate GmbH
Von-Bronsart-Straße 14
D-22885 Barsbüttel-Hamburg
Telefon: 0 40-6 70 88 40
Telefax: 0 40-67 08 84 10
E-Mail: schlatt@glaverbel.com
www.glaverbel.com

Interpane Glas Industrie AG
Postfach 11 20
D-37698 Lauenförde
Telefon: 0 52 73-80 90
Telefax: 0 52 73-8 09 38

mkt gmbh
Carl-Zeiss-Straße 3
D-52477 Alsdorf
Telefon: 0 24 04-2 20 91
Telefax: 0 24 04-8 29 31
E-Mail: ht@mkt-mlt.de

OKALUX GmbH
Am Jöspershecklein
D-97828 Marktheidenfeld-Altfeld
Telefon: 0 93 91-90 00
Telefax: 0 93 91-90 01 00
E-Mail: info@okalux.de

Pilkington Deutschland AG
Haydnstraße 19
D-45884 Gelsenkirchen
Telefon: 02 09-16 80
Telefax: 02 09-1 68 20 56
www.pilkington.com

SAINT-GOBAIN GLASS DEUTSCHLAND GMBH
Viktoriaallee 3–5
D-52066 Aachen
www.saint-gobain-glass.com

SCHOTT Spezialglas GmbH
Grünenplan
Hüttenstraße 1
D-31073 Grünnenplan
Telefon: 0 51 87-77 18 54
Telefax: 0 51 87-77 17 07
E-Mail: frank.berke@schott.com

Seele GmbH & Co. KG
Gutenbergstraße 19
D-86368 Gersthofen
Telefon: 08 21-2 49 40
Telefax: 08 21-2 49 41 00
E-Mail: info@seele-online.com
www.seele-online.com

sitec.glas GmbH
Carl-Zeiss-Straße 2
D-68753 Waghäusel-Kirrlach
Telefon: 0 72 54-9 33 60
Telefax: 0 72 54-93 36 30
E-Mail: rgoepferich@sitec-glas.de
www.sitec-glas.de

Bildnachweis

Einführung Seite 5, 7, 8: Thomas Drexel
S. 10–15: Fotos Thomas Drexel;
Pläne Architekten / Wilhelm Drexel
S. 16–21: Fotos Thomas Drexel;
Pläne Architekten / Wilhelm Drexel
S. 22–25: Fotos Ignacio Martinez, Hard;
Pläne Architekten / Wilhelm Drexel
S. 26–31: Fotos Thomas Drexel;
Plan Architekten / Wilhelm Drexel
S. 32–37: Fotos Thomas Drexel;
Pläne Architekten / Wilhelm Drexel
S. 38–43: FotosThomas Drexel;
Pläne Architekten / Wilhelm Drexel
S. 44–49: Thomas Drexel;
Pläne Architekt / Wilhelm Drexel
S. 50–53: Fotos Archiv Architekten;
Pläne Architekten / Wilhelm Drexel
S. 54–59: Fotos Thomas Drexel;
Pläne Architekt / Wilhelm Drexel
S. 60–65: Fotos Christine Kees, Dornbirn;
Plan Architekten / Wilhelm Drexel
S. 66–69: Fotos Thomas Drexel
S. 70–73: Fotos Thomas Drexel
S. 74–77: Fotos Hertha Hurnaus, Wien; Pläne: Architekten
S. 78–79: Fotos Archiv Architekten
S. 80–81: Fotos Thomas Drexel
S. 82–85: Fotos Julian Fels, Lübeck;
Pläne Architekten / Wilhelm Drexel
S. 86–89: Fotos Thomas Drexel
S. 90–93: Fotos Archiv Architekten; Pläne Architekten
S. 94–97: Fotos S. 94–96 Archiv Architekten,
S. 97 Jo Bayer, Berlin; Pläne: Architekten
S. 98–103: Fotos Thomas Drexel;
Pläne Architekten / Wilhelm Drexel
S. 104–109: Fotos Paul Ott, Graz; Pläne Architekt
S. 110–113: Fotos Archiv Architekten;
Pläne Architekten / Wilhelm Drexel
S. 114–119: Fotos Oliver Heissner, Hamburg; Plan:
Architekten / Wilhelm Drexel
S. 120–123: Fotos Eduard Hueber, New York; Pläne Architekten
S. 124–127: Fotos Edurd Hueber, New York; Pläne Architekten
S. 128–133: Fotos Thomas Drexel; Plan Architekten
S. 134–137: Fotos Angelo Kaunat, Graz; Pläne Architekten
S. 138–141: Fotos Thomas Drexel; Pläne Architekten

Danksagung

Der herzliche Dank des Autors gilt allen Eigentümern, Mietern und Architekten der im Buch vorgestellten Häuser. Ohne ihre Bereitschaft zur Zusammenarbeit und ihre tatkräftige Mithilfe wäre das Entstehen des Werkes nicht möglich gewesen.
Monika Pitterle von der DVA gebührt großes Lob für ihr bekanntermaßen, aber immer wieder überraschend gutes Layout.
Ferner ist insbesondere Roland Thomas und allen Mitarbeitern der DVA zu danken, die sich in welcher Funktion auch immer für das Entstehen, Gelingen und den Verkauf des Buches einsetzen.
Mein Vater, Wilhem Drexel, hat die von den Architekten gelieferten Grundrisse wie immer äußerst gelungen in eine einzigartige zeichnerische Sprache übersetzt.

Bibliografische Information Der Deutschen Bibliothek
Die Deutsche Bibliothek verzeichnet diese Publikation in der Deutschen Nationalbibliografie; detaillierte bibliografische Daten sind im Internet über http://dnb.ddb.de abrufbar.

Grafische Gestaltung: Monika Pitterle
Lithographie: Repro Ludwig, A-Zell am See
Druck: Jütte-Messedruck GmbH, Leipzig
Bindung: Kunst- und Verlagsbuchbinderei, Leipzig
Printed in Germany

ISBN 3-421-03446-X